青少年受益一生的励志书系

青少年受益一生的
名人交友之道

◎总 主 编：汤吉夫
◎本书主编：周海亮

九 州 出 版 社
JIUZHOUPRESS 全国百佳图书出版单位

图书在版编目（CIP）数据

青少年受益一生的名人交友之道/周海亮主编. –北京：
九州出版社, 2008.6(2021.7 重印)

（青少年受益一生的励志书系/汤吉夫主编）

ISBN 978-7-80195-881-5

Ⅰ. 青…　　Ⅱ. 周…　　Ⅲ. 人间交往—青少年读物
Ⅳ. C912. 1-49

中国版本图书馆 CIP 数据核字（2008）第 085044 号

青少年受益一生的名人交友之道

作　　者	汤吉夫　总主编　周海亮　本册主编
出版发行	九州出版社
地　　址	北京市西城区阜外大街甲 35 号（100037）
发行电话	(010)68992190/2/3/5/6
网　　址	www.jiuzhoupress.com
电子信箱	jiuzhou@jiuzhoupress.com
印　　刷	北京一鑫印务有限责任公司
开　　本	710 毫米 × 1000 毫米　16 开
印　　张	10
字　　数	150 千字
版　　次	2008 年 6 月第 1 版
印　　次	2021 年 7 月第 9 次印刷
书　　号	ISBN 978-7-80195-881-5
定　　价	36.00 元

吃饭与读书（序）

人活着都是要吃饭的，不吃饭没法活，这是硬道理，傻子都懂的硬道理。但是，人活着，跟猪狗鸡鸭毕竟不同，光有饭吃还不行。这个世界几十亿人，大概没有多少光喂饭就能满足的，饿的时候都说，给口吃的就行，一旦吃上了这口，别的需求也就来了。要恋爱、结婚，跟人交往、沟通，要交朋友、挣钱、唱歌，一句话：要学习，得有精神生活。即便理想不高，就当个旧时代的农夫，也得有人教你怎样种地，如何喂牛套车，稍微有点精气神，就会想到出门赶集看戏，有的人还自己学着唱上两口。

精神生活，离不开书。

我们这个国家多灾多难，曾经有很长一段时间，老百姓每天除了吃，不想别的，因为多数时候，吃不饱。那年月，孩子进学校读书，除了课本，家长没钱，也不认为有需要给孩子买点课外的书，甚至孩子看课外书，还会遭到责骂。在家长看来，那些东西没用，上个学，识几个字，会算个账也就行了。在那个时代，众多平民百姓养孩子，跟养猪喂鸡没有多少区别。

后来的中国人，开始有点闲钱了，一对夫妻一个孩儿，宝贝多了，除了把孩子喂得营养过剩之外，也操心孩子的教育。即便如此，过去的思想境界依然左右着他们，家长们宁肯花大价钱，逼着孩子满世界进补习班，学钢琴，学奥数，学英语，学画画，学书法，学围棋，学一切听说可以提高素质的玩意儿，但就是没时间让孩子老老实实坐下来看本书。跟过去一样，众多的家长认为，课外书没用，耽误孩子学习。

就这样，在课本强化和补习班也强化的双重压力下长起来的一代又一代独生子女，有一半还没进大学，先折了，什么也考不上，除了打游戏，什么兴趣都没有;另一半考上的,进了大学不少人也开始放羊,加上大学这些年质量也在下降,因此,即便太太平平毕了业,进入社会,感觉身无长技、无所适从者至少要占一半以上。

这是一个没有人看书的时代。据有关部门统计,我们国家每年的出版物,教材要占到 60% 以上,剩下不足 40% 的出版物。还要扣除 10% 左右的教辅读物,也就是说,中国的书,绝大多数都是强迫阅读的,真正属于读者出于自己需求而主动阅读的书,不到整个出版量的 20%,跟发达国家相比,正好倒过来。

现在国人最喜欢说的一个词,就是"素质",但恰恰国人的素质,不敢恭维,一代代越来越不喜欢读书的后辈,素质更是每况愈下。

课本,给不了人素质,课外补习,也给不了人素质,素质的养成,要靠书,课外书。人生在世,不是活在真空里,什么事儿都可能碰上,要学会跟人打交道,更要学会跟自己打交道。如何待人处事,如何交友待客,如何跟人沟通、开展讨论,如何说服别人;进而如何开阔心胸、拓展视野、修炼心性、磨炼意志、增强自信,尤其是如何面对挫折和困境,保持自己良好的心态;再进一步,如何看待友谊,看待背叛,如何面对恋情,如何面对失败,如何面对财富,以及失去的财富,这一切的一切,都需要学,但是课本教不了你。课本里,有知识,有技能,但唯独难以陶冶你的性情,锻造你的心性。素质是一种软实力,一种可以凭借知识和技能无限放大的能量;如果一个人只有专业知识和技能,而缺乏相应的软实力,就像一台电脑,尽管性能良好,但缺乏必要的软件,也一样等于废物。

本人从教 30 多年,教过的学生不计其数,但从来没有见过哪怕一个不爱读书的学生日后有出息的。人的所有,差不多都是学来的,家庭可以教你,社会也可以教你,但一个有出息的人从中获益最多的,还是书本。从这个意义上说,学会了读书,就有了一切。吃饭是为了活着,但活着不能为了吃饭。一个人想要活得好,活得有滋有味,那么,就得把书当粮食来看。孔子闻韶乐,三月不知肉味,对于一个读书人来说,书就是韶乐,只有肉,没有书,肉也不香。不能说这样的人都有出息,但至少,这样的人才可能有点出息。

现在,许多家长都希望把自己的孩子培养成贵族。当然,我想这些家长们,不是想让自己的孩子住进欧洲的城堡,天天穿着燕尾服,只是希望孩子能有贵族的气质和教养。欧洲太远了,中国自宋代以后就没了贵族,但自古就有书香门第。一个家族,只要几代都有读书人,家藏有几柜子的书,就是读书人家,缙绅人家,这样的人家,教养、品位、知书达礼,所有的一切,不是血统的遗传,而是从世代的书香里来的。

读书要读好书,读能跟那些绝代的成功者、大师们对话的书。世界上存在过那么多杰出人士,他们的成功为世人仰慕,各有各的理由,个中道理,在他们的文章中有,但要靠仔细读了之后自己悟。没有机会追随大师的左右,经大师亲授,但只要读他们的文字,也可以升堂入室。众多的成功者、大师汇聚起来,变成一本不厚的书,摆在我们的眼前,《"读·品·悟"青少年受益一生的励志书系》就是这样的一套好书。古人云:开卷有益。

张　鸣

6月6日 于北京

张鸣　1957年生,浙江上虞人,中国人民大学政治学系教授、博士生导师。有《武夫当权——军阀集团的游戏规则》、《乡土心路八十年——中国近代化过程中农民意识的变迁》、《再说戊戌变法》、《乡村社会权力和文化结构的变迁 (1903-1953)》、《近代史上的鸡零狗碎》、《大历史的边角料》多部学术著作出版;另有《直截了当的独白》、《关于两脚羊的故事》、《历史的坏脾气》、《历史的底稿》、《历史空白处》等历史文化随笔陆续问世,引起巨大反响,其中《历史的坏脾气》荣登近几年畅销书排行榜。

序

第一辑　君子之交淡如水

　　人是群居动物,惧怕孤独,需要相互依存,渴望被理解和尊重,于是"朋友"便诞生了。真正的朋友,是和你志同道合的人,是能够读懂你的人,是在道义上、内心里能给你支持的人,是危难时可以同舟共济的人。尽管没有任何血缘关系,但他会关心你、在乎你,你跟他的友谊是真心实意的,与贫富贵贱没有关系。

　　人的一生会遇人无数,其中有多少人可以成为朋友呢?

第二辑　以友辅仁

　　朋友是干渴难耐时的一捧清泉,严寒刺骨时的一碗热汤;朋友是悲伤难过时可以依靠的肩膀,孤独寂寞时打开心牢的钥匙……

　　最可信的忠告只能来自最可靠的朋友,最急需的帮助只

能来自最无私的朋友,最秘密的心事只能倾诉给最亲密的朋友,最重要的嘱托只能交付给最忠实的朋友。我们与朋友同在,朋友与我们同行。生命中有朋友,就有渗透身心的愉快和刻骨铭心的感动!

第三辑 一片冰心在玉壶

我们都渴望得到感情的交流,所以都想结交知心的朋友。当知心朋友发展到一定的阶段,就有灵犀的感应。心灵的天平永远准确无误,面对朋友应是知无不言,言无不尽。这一切皆是心灵的交汇,汇成绚丽的图画——无论时光怎样流逝都不会褪色。

真诚是友谊的空气,离开这样生长的环境,友谊只会衰竭而死。朋友的基本含义包含了"交心",只有真心付出,才能交到知心朋友。

第四辑　益者三友

　　世界上有那么多的人，但不至于拥堵在一两条路上，因为他们人各有道。物以类聚，人以群分，交友也是这样。

　　朋友有很多种。有的朋友像大地一样无私，毫不保留地对万物施以恩惠，这种友情是不计回报的；有的朋友像大海一样宽广，他们可以帮我们排除烦恼，这种友情是热情而博大的。结交不同类型的朋友，等于打开不同世界的窗户，我们的生活也会因此更加丰富多彩。

目

录

第五辑　人至察则无徒

《论语》有言曰："君子和而不同,小人同而不和。"与朋友相处不必强求事事一致,重要的是做到取长补短。友谊的维护并不需要华丽的外衣,却需要一颗真诚友善的心。

当被朋友伤害时,要把它写在沙滩上,风雨会很容易地抹去它;如果得到朋友的帮助,要把它刻在内心深处,它会永久地驻扎在那里。朋友的伤害往往是无心的,帮助却是真心的,忘记那些无心的伤害,铭记那些真心的帮助,友谊便可天长地久。

第六辑　近朱者赤

朋友是上苍赐予我们的特殊礼物,然而,结交到好的朋友却不是一件容易的事情,选择得当可以受益匪浅,交友不当则会祸害无穷。难怪孔子也发出如此感叹:"君子慎取友也。"与谁为友,需要经过慎重选择。

志同道合、情趣相投是择友的一个必备标准。志向不同,情趣有变,友谊是不可能长久的,早晚会分道扬镳。此外,交友要以道义之交为准则,君子当以道相交,绝不可等同于小人的以利相交。

目录

在寂寞的周末，我心怀感激地想起不多的几位依然互相惦记着的老朋友和新朋友，于是平静地享受了我的寂寞。

第一辑
君子之交淡如水

　　人是群居动物,惧怕孤独,需要相互依存,渴望被理解和尊重,于是"朋友"便诞生了。真正的朋友,是和你志同道合的人,是能够读懂你的人,是在道义上、内心里能给你支持的人,是危难时可以同舟共济的人。尽管没有任何血缘关系,但他会关心你、在乎你,你跟他的友谊是真心实意的,与贫富贵贱没有关系。

　　人的一生会遇人无数,其中有多少人可以成为朋友呢?

后台朋友

□ 林语堂

林语堂（1895~1976）　福建龙溪人。现代著名作家。1912 年入上海圣约翰大学,后赴美国、德国留学,获哲学博士学位。回国后在北京大学任教。1935 年创办《宇宙风》,提倡"以自我为中心,以闲适为格调"的小品文。主要作品有《吾国与吾民》、《京华烟云》、《风声鹤唳》等。

友情是心灵的休息地,真正的友情只能用心体会,用爱感受。

君子之交,其淡如水。执著而求,咫尺千里。

莎士比亚说:"人生如舞台。"

人的一生有前台,也有后台。前台是粉墨登场的所在,费尽心思化好了妆,穿好了衣服,准备好了台词,端起了架势,调匀了呼吸,一步步踱出去,使出浑身解数:该唱的,唱得五音不乱;该说的,说得字正腔圆;该演的,演得淋漓尽致。于是博得满堂彩,名利双收,踌躇满志而归。

然而,当他回到后台,脱下戏服,卸下彩妆,露出疲惫发黄的脸部时,后台有没有一个朋友在等他,和他说一句真心话,道一声辛苦了,或默默交换一个眼色? 这眼色也许比前台的满堂彩都要受用,而且必要!

人有没有这样的朋友,很重要。后台的朋友,是心灵的休息地,在他面前,不必化妆,不必穿戏服,不必做事情,不必端架子,可以说真话,可以说

泄气话,可以说没出息的话,可以让他知道你很脆弱,很懦弱,很害怕,每次要走入前台时都很紧张,很厌恶,因为你确知后台朋友只会安慰你,不会耻笑你,不会奚落你。

况且,在他面前你早已没有形象可言了,也乐得继续没形象下去。人生有一个地方,有一个人,在这人面前,可以不必有出息,可以不必有形象,可以暴露弱点,可以是全身弱点,这是很大的解放。有此解放,人可以在解放一阵子之后,重拾勇气,重披戏服,再次化妆,再次端架子,走到前台去扮演好需扮演的角色,做一个人模人样的人物,博得世俗的赞美。

谈 友 谊

□ 梁实秋

梁实秋(1902~1987)　原名治华,生于北京,浙江杭县(今余杭)人。现当代散文家、文学评论家、翻译家。毕业于清华大学,曾留学美国。先后任教于北京大学等校。创作以散文小品著称,以《雅舍小品》为代表作。主要著作有文学评论集《浪漫的与古典的》、《文学的纪律》,译著《莎士比亚全集》等。主编《远东英汉大辞典》。

朋友居五伦之末,其实朋友是极重要的一伦。所谓友谊实即人与人之间的一种良好的关系,其中包括了解、欣赏、信任、容忍、牺牲……诸多美德。如果以友谊作基础,则其他的各种关系如父子夫妇兄弟之类均可圆满

地建立起来。当然父子兄弟是无可选择永久关系,夫妇虽有选择余地但一经结合便以不再仳(pǐ)离为原则,而朋友则是有聚有散可合可分的。不过,说穿了,父子夫妇兄弟都是朋友关系,不过形式性质稍有不同罢了。严格地讲,凡是充分具备一个好朋友的条件的人,他一定也是一个好父亲、好儿子、好丈夫、好妻子、好哥哥、好弟弟;反过来亦然。

我们的古圣先贤对于交友一端是甚注重的。《论语》里面关于交友的话很多。在西方亦是如此。古罗马的西塞罗有一篇著名的《论友谊》,法国的蒙田、英国的培根、美国的爱默生,都有论友谊的文章。我觉得近代的作家在这个题目上似乎不大肯费笔墨了。这是不是叔季之世友谊没落的征象呢,我不敢说。

古之所谓"刎颈交",陈义过高,非常人所能企及。如 Damon 与 Pythias, David 与 Jonathan,怕也只是传说中的美谈吧。就是把友谊的标准降低一些,真正能称得起朋友的还是很难得。试想一想,如有银钱经手的事,你信得过的朋友能有几人? 在你蹭蹬失意或疾病患难之中还肯登门拜记乃至雪中送炭的朋友又有几人? 你出门在外之际对于你的妻室弱媳肯加以照顾而又不照顾得太多者又有几人? 再退一步,平素投桃报李,莫逆于心,能维持长久于不坠者,又有几人? 总角之交,如无特别利害关系以为维系,恐怕很难在若干年后不变成为路人。富兰克林说:"有三个朋友是忠实可靠的——老妻,老狗,与现款。"妙的是这三个朋友都不是朋友。倒是亚里士多德的一句话最干脆:"我的朋友们啊! 世界上根本没有朋友。"这些话近于愤世嫉俗,事实上世界里是有朋友的,不过虽然无需打着灯笼去找,却是像沙里淘金而且还需要长时间洗练。一旦真铸成了友谊,便会金石同坚,永不退转。

大抵物以类聚,人以群分。臭味相投,方能永以为好。交朋友也讲究门当户对,纵不必像九品中正那么严格,也自然有个界限。"同学少年多不贱,五陵裘马自轻肥",于"自轻肥"之余还能对着往日的旧游而不把眼睛移到眉毛上边去吗? 汉光武容许严子陵把他的大腿压在自己的肚子上,固然是雅量可见,但是严子陵毅然决然地归隐于富春山,则尤为知趣。朱洪武写信给他的一位朋友说:"朱元璋做了皇帝,朱元璋还是朱元璋……"话尽管说得漂亮,看看他后来之诛戮功臣,也就不免令人心悸。人的身心构造原是一样的,但是一入宦途,可能发生突变。孔子说:"无友不如己者。"

有福不肯与人共享，有祸也不会有人同当。
——[古希腊]伊　索

我想一来只是指品学而言，二来只是说不要结交比自己坏的，并没有说一定要我们去高攀。友谊需要两造，假如双方都想结交比自己好的，那便永远交不起来。

好像是王尔德说过"一个男人与一个女人之间是不可能有友谊存在的"，就一般而论，这话是对的，因为男女之间如有深厚的友谊，那友谊容易变质，如果不是心心相印，那又算不得是友谊。过犹不及，那界线是难以把握的。忘年交倒是可能的。祢衡年未二十，孔融年已五十，便相交友，这样的例子史不绝书；但似乎是也以同性为限，并且以我所知，忘年交之形成固有赖于兴趣之相近与互相之器赏，但年长的一方面多少需要保持一点儿童心，年幼的一方面多少需要显着几分老成。老气横秋则令人望而生畏，轻薄僬佻(xuān tiāo)则人且避之若浼(měi)。单身的人容易交朋友，因为他的情感无所寄托，漂泊流离之中最需要一个一倾积愫的对象，可是等到他有红袖添香稚子侯门的时候，心境便不同了。

"君子之交淡如水"，因为淡所以才能不腻，才能持久。"与朋友交，久而敬之。"敬也就是保持距离，也就是防止过分的亲昵；不过"狎而敬之"是很难的。最要注意的是，友谊不可透支，总要保留几分。马克·吐温说："神圣的友谊之情，其性质是如此的甜蜜、稳定、忠实、持久，可以终生不渝，如果不开口向你借钱。"这真是慨乎言之。朋友本有通财之谊，但这是何等微妙的一件事。世上最难忘的事是借出去的钱，一般认为最倒霉的事又莫过于还钱。一牵涉到钱，恩怨便很难清算得清楚，多少成长中的友谊都被这阿堵物所贼害！

规劝乃是朋友中间应有之义，但是谈何容易。名利场中，沆瀣(hàng xiè)一气，自己都难以明辨是非，哪有余力规劝别人？而在对方则又良药苦口忠言逆耳，谁又愿意让人批他的逆鳞？规劝不可当着第三者的面行之，以免伤他的颜面；不可在他情绪不宁时行之，以免逢彼之怒。孔子说："忠告而善道之，不可则止。"我总以为劝善规过是友谊之消极的作用。友谊之乐是积极的。只有神仙与野兽才喜欢孤独，人是要朋友的。"假如一个人独自升天，看见宇宙的大观念，群星的美丽，他并不能感到快乐，他必要找到一个人向他述说他所见的奇景，他才能快乐。"共享快乐，比共受患难，应该是更正常的友谊中的趣味。

朋　友

□巴　金

巴金(1904~2005)　原名李尧棠,四川成都人。现当代著名小说家、散文家。曾任中国作家协会主席。代表作有长篇小说《家》、《春》、《秋》(合称《激流三部曲》),散文集《随想录》等。被鲁迅称为"一个有热情的有进步思想的作家,在屈指可数的好作家之列的作家"。

这一次的旅行使我更了解一个名词的意义,这个名词就是:朋友。

七八天以前我曾对一个初次见面的朋友说:"在朋友们面前我只感到惭愧。你们待我太好了,我简直没法报答你们。"这并不是谦虚的客气话,这是真的事实。说过这些话,我第二天就离开了那个朋友,并不知道以后还有没有机会再看见他,但是他给我的那一点点温暖至今还使我的心颤动。

我的生命大概不会很长久吧。然而,在短促的过去的回顾中却有一盏明灯,照彻了我灵魂的黑暗,使我的生存有一点儿光彩。这盏灯就是友情。我应该感谢它,因为靠了它我才能够活到现在;而且把旧家庭给我留下的阴影扫除了的也正是它。

世间有不少的人为了家庭抛弃朋友,至少也会在家庭和朋友之间划一个界限,把家庭看得比朋友重过若干倍,这似乎是很自然的事情。我也曾亲眼看见一些人结婚以后就离开朋友,离开事业……

不要靠馈赠来获得一个朋友。你须贡献你挚情的爱，学会用正当的方法来赢得一个人的心。

——[古希腊]苏格拉底

朋友是暂时的，家庭是永久的。在好些人的行为里我发现了这个信条，这个信条在我实在是不可理解的。对于我，要是没有朋友，我现在会变成怎样可怜的东西，我自己也不知道。

然而，朋友们把我救了。他们给了我家庭所不能给的东西。他们的友爱，他们的帮助，他们的鼓励，几次把我从深渊的边沿救回来。他们对我表示了无限的慷慨。

我的生活曾经是悲苦的，黑暗的。然而，朋友们把多量的同情，多量的爱，多量的欢乐，多量的眼泪分了给我，这些东西都是生存所必需的。这些不要报答的慷慨的施舍，使我的生活里也有了温暖，有了幸福。我默默地接受了它们。我并不曾说过一句感激的话，我也没有做过一件报答的行为，但是朋友们却不把自私的形容词加到我的身上。对于我，他们太慷慨了。

这一次我走了许多新地方，看见了许多新朋友。我的生活是忙碌的：忙着看，忙着听，忙着说，忙着走。但是我不曾遇到一点儿困难，朋友们给我准备好了一切，使我不会缺少什么。我每走到一个新地方，就像回到我那个在上海被日本兵毁掉的旧居一样。

每一个朋友，不管他自己的生活是怎样苦，怎样简单，也要慷慨地分一些东西给我，虽然明知道我不能够报答他。有些朋友，连他们的名字我以前也不知道，他们却关心我的健康，处处打听我的"病况"，直到他们看见了我那被日光晒黑了的脸和膀子，他们才放心地微笑了。这种情形的确值得让人掉眼泪。

有人相信我不写文章就不能够生活。两个月以前，一个同情我的上海朋友寄稿到《广州民国日报》的副刊，说了许多关于我的生活的话。他也说我一天不写文章第二天就没有饭吃。这是不确实的。这次旅行就给我证明：即使我不再写一个字，朋友们也不肯让我冻馁。世间还有许多慷慨的人，他们并不把自己个人和家庭看得异常重要，超过一切。靠了他们我才能够活到现在，而且靠了他们我还要活下去。

朋友们给我的东西是太多、太多了。我将怎样报答他们呢？但是我知道他们是不需要报答的。

最近我在法国哲学家居友的书里读到了这样的话："生命的一个条件就是消费……世间有一种不能跟生存分开的慷慨，要是没有了它，我们就

会死，就会从内部干枯。我们必须开花。道德，无私心就是人生的花。"

在我的眼前开放着这么多的人生的花朵了。我的生命要到什么时候才会开花？难道我已经是"内部干枯"了吗？

一个朋友说过："我若是灯，我就要用我的光明来照彻黑暗。"

我不配做一盏明灯，那么就让我做一块木柴吧。我愿意把我从太阳那里受到的热放散出来，我愿意把自己烧得粉身碎骨给人间添一点点温暖。

青少年受益一生的
名人交友之道

中年的寂寞

□夏丏尊

夏丏(miǎn)尊(1886~1946) 原名铸，字勉旃，号闷庵，浙江上虞人。现代作家、教育家、出版家。早年留学日本弘文学院。1930年创办《中学生》杂志。曾和叶圣陶合著《文心》，并译有意大利亚米契斯的《爱的教育》，有《夏丏尊文集》。

我已是一个中年的人。一到中年，就有许多不愉快的现象，眼睛昏花了、记忆力减了，头发开始秃脱而且变白了，意兴、体力什么都不如年轻的时候，常不禁会感觉到难以名言的寂寞的情味。尤其觉得难堪的是知友的逐渐减少和疏远，缺乏交际上的温暖的慰藉。

不消说，相识的人数，是随了年龄增加的，一个人年龄越大，走过的地方，当过的职务越多，相识的人理该越增加了。可是相识的人并不就是朋友，我们和许多人的相识，或是因了事务关系，或是因了偶然的机缘——如在别人请客的时候同席吃过饭之类。见面时点头或握手，有事时走访或通信，口头上彼此也称"朋友"，笔头上有时或称"仁兄"，诸如此类，其实只是一种社交上的客套，和"顿首"、"百拜"同是仪式的虚伪。这种交际可以说是社交，和真正的友谊，相差似乎很远。

真正的朋友，恐怕要算"总角之交"或"竹马之交"了。在小学和中学的时代容易结成真实的友谊，那时彼此尚不感到生活的压迫，入世未深，打算计较的念头也少，朋友的结成，全由于志趣相近或性情适合，差不多可以说是"无所为"的，性质比较纯粹。20岁以后结成的友谊，大概已不免掺有各种各样的颜色分子在内，至于30岁40岁以后的朋友中间，颜色分子愈多，友谊的真实成分也就不免因而愈少了，这并不一定是"人心不古"，实可以说是人生的悲剧。人到了成年以后，彼此都有生活的重担要负，入世既深，顾忌的方面也自然加多起来，在交际上不许你不计较，不许你不打算，结果彼此都"钩心斗角"，像七巧板似的只选定了某一方面和对方去接合，这样的接合当然是很不坚固的，尤其是现在这样什么都到了尖锐化的时代。

在我自己的交游中，最值得系念的老是一些少年时代以来的朋友。这些朋友本来数目就不多，有些住在远地，连相会的机会也不可多得，他们有的年龄大过了我，有的小我几岁，都是中年以上的人了，平日各人所走的方向不同，思想趣味，境遇也都不免互异，大家晤谈起来，也常会遇到说不出的隔膜的情形。如大家话旧，旧事是彼此共喻的，而且大半都是少年时代的事，"旧游如梦"，把梦也似的过去的少年时代重提，因了谈话的进行，同时就会关联了想起许多当时的事情，许多当时的人的面影，这时好像自己仍回归少年时代去了。我常在这种时候感到一种快乐，同时也感到一种伤感，那情形好比老妇人突然在抽屉里或箱子里发现了她盛年时的影片。

逢到和旧友谈话，就不知不觉地把话题转到旧事上去，这是我的习惯，我在这上面无意识地会感到一种温暖的慰藉。可是这些旧友，一年比一年减少了，本来只是屈指可数的几个，少去一个，是无法弥补的。我每当听到一个旧友死的消息的时候，总要惆怅多时。

学校教育给我们的好处，不但只是灌输知识，最大的好处，恐怕还在给予我们求友的机会上。这好处我到了离学校之后才知道，这几年来更确

切地体会到，深悔当时毫不自觉，马马虎虎地过了。近来每日早晚在路上见到两两三三地携着书包，携了手或挽了肩膀走着的青年学生们，我总艳羡他们有朋友之乐，暗暗地要在心中替他们祝福。

朋　友

□(台湾)三　毛

三毛(1943~1991)　女，原名陈平，生于重庆，浙江定海人。台湾作家。曾定居西属撒哈拉沙漠迦纳利岛，并以当地的生活为背景，写出一系列情感真挚的文学作品。代表作有《撒哈拉的故事》、《稻草人手记》、《梦里花落知多少》、《滚滚红尘》等。

朋友是五伦之外的一种人际关系，一定要求朋友共生共死的心态，是因为人，没有界定清楚这一个名词的含义。朋友的好处，在于可以自由选择。

有些，随缘而来；有的，化缘而来。

更有趣的是，朋友来了还可以过，散了说不定永远不会再聚。如果不是如此，谁又敢交朋友呢？

不要自以为朋友很多是福气。福气如果得自朋友，那么自己算什么？

一时知心的朋友，最贵在于短暂，拖长了，那份契合总有枝节。

朋友还是必须分类的——例如图书，一架一架混不得。过分混杂，匆忙中去急着找，往往找错类别。

也是一种神秘的情，来无影、去无踪，友情再深厚，缘分尽了，就成陌路。

对于认识的人——所谓朋友，实在不必过分谨严。

心事随心，心不答应情不深，情不深，见面也很可能是一场好时光。

朋友再亲密，分寸不可差失，自以为熟，结果反生隔离。

朋友之义，难在"义"字千变万化。朋友绝对落时空，儿时玩伴一旦阔别，再见时，情感只是一种回忆中的承诺，见面除了话当年之外，再说什么就都难了。

朋友无涉利害最是安全，一旦涉及利害，相辅相成的可能性极为微小，对克成仇的例子，比比皆是。

朋友之间，相求小事，顺水人情，理当成全。

过分要求，得寸进尺，是存心丧失朋友最快的捷径。

雪中送炭，贵在真送炭，而不只是语言劝慰；炭不贵，给的人可真是不多。

心意也是贵的，这一份情，最能意会。那是朋友急需的不是炭的时候。

认朋友，急不来，急来的朋友急去得也快；

筛朋友，慢不得，同流合污没有回头路；

为朋友，两肋插刀之前，三思而后行；

交朋友，贵在眼慈，横看成岭侧成峰——总是个好家伙。

小疵人人有，这个有，那个还不是也有，自己难道没有？

即使结盟好友，时常动用，总也不该。偶尔为之，除非不得已。与任何人结盟，都是累的，这个结，不如不去打。

意气之交，虽是真诚，总也失之太急。

友情不可费力经营，这一来，就成生意。生意风险艰辛大，又何必用到朋友这等小事上去？

关心朋友不可过分，那是母亲的专职。不要做"朋友的母亲"，弄混了界限。

批评朋友，除非识人知性，不然，不如不说。

强占友谊，最是不聪明。

雪泥鸿爪，碰着当成一场欢喜。

一旦失去朋友，最豁达的想法莫如——本来谁也不是谁的。

呼朋引伴，要看自己本钱。

招蜂引蝶，甜蜜必然不够用。

重承诺，重在衡量自己能力。

拒说情，拒在眼底公平。

讲义气，讲在不求一丝回报。

说风情，说时最好保留三分。

知交零落实是人生常态，能够偶尔话起，而心中仍然温柔，就是好朋友。

两性朋友关系一旦转化为爱情，最是两全其美。

两性之间，一生纯净友谊，绝对可能。

只怕变质消失的原因，不在双方本人，而在双方配偶难以明白。

交朋友，不可能没有条件。没有条件的朋友，不叫朋友，那叫手足了。

情深如海对朋友——不难。不难，在于没有共同穿衣、吃饭、数钱和睡觉。

跟自己做朋友最是可靠，死缠烂打总是自己人。

沧海一粟敢与天地去认朋友，才是——谁与我逝兮，吾谁与从，渺渺茫茫，归彼大荒。

凡是心灵值得人爱的人，才是值得去结交的人。

——[古罗马]西塞罗

朋　　友

□贾平凹

贾平凹　原名贾平娃，1952 年出生，陕西丹凤人。当代著名作家。著有小说集《贾平凹获奖中篇小说集》、《贾平凹自选集》，长篇小说《商州》、《白夜》、《秦腔》、《高兴》，自传体长篇《我是农民》等。长篇小说《浮躁》获 1987 年美国美孚飞马文学奖。

朋友是磁石吸来的铁片儿、钉儿、螺丝帽和小别针。只要愿意，从俗世上的任何尘土里都能吸来。现在，街上的小青年有江湖义气，喜欢把朋友的关系叫"铁哥们"。第一次听到这么说，以为是铁焊了那种牢不可破，但一想，磁石吸的就是关于铁的东西啊。这些东西，有的用力甩甩就掉了，有的怎么也甩不掉，可你没了磁性它们就全没喽！昨天夜里，端了盆热水在凉台上洗脚，天上一个月亮，盆水里也有一个，突然想到——这就是朋友吗。

我在乡下的时候有过许多朋友。至今，20 年过去，来往的还有一二，八九皆已记不起姓名，却时常怀念一位已经死去的朋友。我个子不高，打篮球时他肯传球给我，我们就成了朋友，数年间形影不离。后来分手，是为着从树上摘下一堆桑葚，说好一人吃一半的，我去洗手时他吃了他的一半，又吃了我的一半的一半。那时人穷，吃是第一重要的。现在是过城里人的

日子,人与人见面再不问"吃过了吗"的话。在名与利的奋斗中,我又有了相当多的朋友,但也在奋斗名与利的过程中,我的朋友变换如四季,走的走,来的来,你面前总有几张板凳,板凳总没空过。

我作过大概的统计,有危险时护佑过我的朋友,有贫困时周济过我的朋友,有帮我处理过鸡零狗碎事的朋友,有利用过我又反过来踹我一脚的朋友,有诬陷过我的朋友,有加盐加醋传播过我不该传播的隐私而给我制造了巨大麻烦的朋友。成我事的是我的朋友,坏我事的也是我的朋友。有的人认为我没有用了,不再前来,有些人我看着恶心了主动与他断交,但难处理的是那些帮我忙越帮越乱的人,是那些对我有过恩却又没完没了地向我讨人情的人。

地球上人类最多,但你一生交往最多的却不外乎在方圆几里或十几里,朋友的圈子其实就是你人生的世界,你的为名为利的奋斗历程就是朋友的好与恶的历史。有人说,我是最能交朋友的,殊不知我相当多的时间却是被铁朋友占有,常常感觉里我是一条端上饭桌的鱼,你来搛一筷子,他来挖一勺子,我被他们吃得只剩下一副骨架。

有一次我独自化名去住了医院,只和戴了口罩的大夫护士见面,病床的号码就是我的一切,可我却再也熬不下一个月,第二十七天翻院墙回家给所有的朋友打电话。也就有人说啦:你最大的不幸就是不会交友。这我便不同意了,我的朋友中是有相当一些人令我吃尽了苦头,但更多的朋友是让我欣慰和自豪的。

过去的一个故事讲,有人得了病去看医生,正好两个医生在一条街上住着,他看见一家医生门前鬼特别多,认为这医生必是医术不高,把那么多人医死了,就去门前只有两个鬼的另一位医生家看病,结果病没有治好。旁边人推荐他去鬼多的那医生家看病,他说那家门口鬼多这家门口鬼少,旁边人说:"那家医生看过万人病,死鬼五十个,这家医生在你之前就只看过两个病人呀!"

我想,我恐怕是门前鬼多的那个医生。根据我的性情、职业、地位和环境,我的朋友可以归两大类:一类是生活关照型。人家给我办过事,比如买了煤,把煤一块一块搬上楼,家人病了找车去医院,介绍孩子入托。我当然也给人家办过事,写一幅字让他去巴结他的领导,画一张画让他去银行打通贷款的关节,出席他岳父的寿宴……或许人家帮我的多,或许我帮人家的多,但只要相互诚实,谁吃亏谁占便宜便无所谓,我们就是长朋友,久朋友;另一类是精神交流型。具体事都干不来,只有一张八哥嘴,或是我慕他才,或是他慕我才,在一块谈文说艺,饮茶聊天。

在相当长的时间里,我把我的朋友看得非常重要,为此冷落了我的亲戚,甚至我的父母和妻子儿女。可我渐渐发现,一个人活着其实仅仅是一个人的事,生活关照型的朋友可能了解我身上的每一个痣,不一定了解我的心;精神交流型的朋友可能了解我的心,却又常常拂我的意。快乐来了,最快乐的是自己;苦难来了,最苦难的也是自己。

然而我还是交朋友,朋友多多益善。孤独的灵魂在空荡的天空中游弋,但人之所以是人,有灵魂同时有身躯的皮囊,要生活就不能没有朋友。因为出了门,门外的路泥泞,树丛和墙根又有狗吠。

西班牙有个毕加索,一生才大名大,朋友是很多的,有许多朋友似乎天生就是来扶助他的,但他经常换女人也换朋友。这样的人我们效法不来,而他说过一句话:朋友是走了的好。我对于曾经是我朋友后断交或疏远的那些人,时常想起来寒心,也时常想到他们的好处。如今倒坦然多了,因为当时寒心,是把朋友看成了自己和自己的家人,殊不知朋友毕竟是朋友,朋友是春天的花,冬天就都没有了。

朋友不一定是知己,知己不一定是朋友,知己也不一定总是人。他既然吃我,耗我,毁我,那又算得了什么呢? 皇帝能养一国之众,我能给几个人好处呢? 这么想想,就想到他们的好处了。

今天上午,我又结识了一个新朋友,他向我诉苦说他的老婆工作在城郊外县,家人十多年不能团聚,让我写几幅字,他去贡献给人事部门的掌权人。我立即写了,他留下一罐清茶一条特级烟。待他一走,我就拨电话邀三四位旧的朋友来有福同享。

这时候,我的朋友正骑了车子向我这儿赶来。我等待着他们,却小小私心勃动,先自己沏了一杯喝起,燃一支吸起。如此便忽然体会到了真朋友是无言的牺牲,如这茶这烟,于是站在门口迎接喧哗到来的朋友而仰天呵呵大笑了。

朋　友

□（台湾）古　龙

古龙（1937~1985）　原名熊耀华，祖籍江西。台湾著名新派武侠小说作家。主要作品有《浣花洗剑录》、《多情剑客无情剑》、《边城浪子》、《七种武器》、《天涯明月刀》、《大旗英雄传》、《陆小凤系列》、《楚留香系列》等近百种。

　　世界上有比友情更令人感觉温馨的吗？好酒难得，好友更难得。朋友就是朋友，绝对没有任何事能代替，绝对没有任何东西来形容——就是世界上所有的玫瑰，再加上所有的花朵，也不能比拟友情的芬芳与美丽。

　　要衡量武侠人物的价值与意义不能用一般的标准。他们是孤独的人，在人世上自成一个系统，他们的孤独不是无助的，无可奈何的孤独，而是一种倔强的辽阔的孤独。他们的系统也和一般社会一样，有好的，有坏的，有可爱的，也有可恨的。但是他们最重义气，那种肝胆相照、生死与共的义气，比一切的感情更伟大，更感人。

　　你明明知道你有朋友在饿着肚子，却偏偏还要恭维他是个不食人间烟火的神仙，是宁可饿死也不求人的硬汉；你明明知道你的朋友要你寄点儿钱给他时，却只肯寄给他一封充满安慰和鼓励的信，还告诉他自力更生是多么诚实和宝贵的事。假如你是这种人，那么我保证，你唯一的朋友就是你自己。

在不幸中，有用的朋友更为必要；在幸运中，高尚的朋友更为必要。在不幸中，寻找朋友出于必需；在幸运中，寻找朋友出于高尚。
——[古希腊] 亚里士多德

对一个情绪低落的人来说，朋友的一句鼓励，甚至比世界上所有的良药都管用。

友情是积累的，爱情却是突然的，友情必定要经得起时间的考验，爱情却往往在一瞬间发生。

有许多朋友之间是这样的，虽然经常相处在一起，却从来都没有想过要发掘对方的往事。当然，更不会想到去发扬朋友的隐私。

江湖道上的朋友们，以意气血性相交，只要你今天用一种男子汉的态度来对待我，就算你以前是个混蛋也没什么关系。

人，只有在自己最亲密的朋友面前，才最容易做出错事。因为只有在这种时候，他的心情才完全放松，不但忘了对别人的警戒，也忘了对自己的警戒。

一个最容易伤害你的人，通常都是最了解你的人，这种人常常是你最亲近的朋友。

有的人与人之间就像是流星一样，纵然是一瞬间的相遇，也会迸发出炫目的火花。火花虽然有熄灭的时候，但在蓦然间造成的影响和震动却是永远难以忘记的。

岁月匆匆，倏然而逝，得一知己，死亦无憾；生有何欢，死有何惧，得一知己，死而无憾。

他们轻生死，重义气，为了一句话，什么事他们都做得出。每个人都必须为某些事付出代价——朋友间永恒不变的友情和义气。

朋友贵在知心，交朋友并不一定要交能够互相利用的人。

朋友就是朋友，朋友绝不分好坏，因为朋友只有一种：如果你对不起我，出卖了我，你根本不是朋友，根本就不配说"朋友"这两个字。

论 朋 友

□季羡林

季羡林 1911 年生,山东清平人(今临清市)。著名语言学家、文学翻译家、作家,梵文、巴利文研究专家,北京大学教授。其一生致力于东方学,特别是印度学的研究工作,被誉为东方学大师。著述主要有《中印文化关系史论丛》、《印度简史》、《印度古代语言论集》、《原始佛教的语言问题》等,散文作品有《季羡林谈人生》、《牛棚杂忆》、《病榻杂记》等,翻译作品主要有印度史诗《罗摩衍那》。

人类是社会动物。一个人在社会中不可能没有朋友。任何人的一生都是一场搏斗。在这一场搏斗中,如果没有朋友,则形单影只,鲜有不失败者;如果有了朋友,则众志成城,鲜有不胜利者。

因此,在人类几千年的历史上,任何国家,任何社会,没有不重视交友之道的;而中国尤甚。在宗法伦理色彩极强的中国社会中,朋友被尊为五伦之一,曰"朋友有信"。我又记得,什么书中说:"朋友,以义合者也。""信"、"义"含义大概有相通之处。所以多以"义"字来要求朋友关系,比如《三国演义》的"桃园三结义"之类就是。

《说文》对"朋"字的解释是"凤飞,群鸟从以万数,故以为朋党字"。"凤"和"朋"大概只有轻唇音重唇者之别。对"友"的解释是"同志为友",意思非常清楚。中国古代，肯定也有"朋友"二字连用的，比如《孟子》；《论语》"有朋自远方来，不亦乐乎！"却只用一个"朋"字。不知从什么时候起，"朋友"才经常连用起来。

在中国几千年的历史上，重视友谊的故事，不可胜数。最著名的是管鲍之交，钟子期和伯牙的知音的故事，等等。刘、关、张三结义更是有口皆碑。一直到今天，我们还讲究"哥儿们义气"，发展到最高程度，就是"为朋友两肋插刀"。只要不是结党营私，我们是非常重视交朋友的。我们认为，中国古代把朋友归入五伦，是有道理的。

我们现在看一看欧洲人对友谊的看法。欧洲典籍，数量虽然远远比不上中国，但是，称之为汗牛充栋，也是当之无愧的。我没有能力来旁征博引，我只能根据我比较熟悉的一部书，来引证一些材料，这就是法国著名的《蒙田随笔》。

《蒙田随笔》，上卷，第28章，是一篇叫做《论友谊》的随笔。其中有几句话："我们喜欢交友胜过其他一切，这可能是我们本性所使然。亚里士多德说，好的立法者对友谊比对公正更关心。"寥寥几句，充分说明西方对友谊之重视。蒙田接着说："自古就有四种友谊：血缘的、社交的、待客的和男女情爱的。"这使我立即想到，中西对友谊含义的理解是不相同的。根据中国的标准，"血缘的"不属于友谊，而属于亲情；"男女情爱的"也不属于友谊，而属于爱情。对此，蒙田有长篇累牍的解释，我无法一一征引。我只举他对爱情的几句话："爱情一旦进入友谊阶段，也就是说，进入意愿相投的阶段，它就会衰落和消逝。爱情是以身体的快感为目的，一旦享有了，就不复存在；相反，友谊越被人向往，就越被人享有，友谊只是在获得以后才会升华、增长和发展，因为它是精神上的，心灵会随之净化。"这一段话，很值得我们仔细推敲、品味。

真正的友谊

□张　炜

张炜　1956年生，山东龙口人。当代作家。代表作有长篇小说《古船》、《九月寓言》、《外省书》、《丑行或浪漫》、《能不忆蜀葵》，中篇小说《瀛洲思絮录》、《秋天的愤怒》，短篇小说《冬景》、《声音》、《一潭清水》、《海边的雪》，散文《融入野地》、《羞涩和温柔》等。

真正的友谊是来不及的哀伤。

人们最不陌生的就是友谊所带来的安慰、交流、寄托、信赖、精神的资助，等等。可是人们很少想到，就是这一切阻止着什么。它是什么？它是与生俱来的，也是生命后来所附加的一切哀伤、哀痛。

正由于有了友谊，这一切都被阻止了，来不及顾忌了，这就是友谊的本质。能让人忘掉哀伤，让人不再顾忌哀伤的友谊，才真正动人。

友谊不需要考验。有人常常提到"经受了考验"的友谊——那只是一种平常的通俗的想法。友谊和生命一样，是自然的事情。友谊不需要寻找，它天然地存在；友谊也不需要珍惜，也因为它是一种天然的存在——这是人对于友谊的一种觉悟。友谊甚至不需要建立，不需要在摩擦和经历中去巩固和增长。它的数值是不变的，无论意识与否，它都天然地存在于它应该存在的地方。

有的友谊让人感到陌生,但它存在着;有的友谊让人感到很熟悉,但是它终将失去。如果说到考验,随时都有对于它的考验,可是,这种考验真的有意义吗?

人们对于友谊的误解,对于人和人的关系的误解,常常发生。但是误解也难以伤害本质,友谊是靠一种极其美妙的东西连接的,人类不可能对它有更深的认识和理解,它是神秘难测的。友谊有时候以非常明朗的、通俗的面目出现,可是更多的时候,它又是难以解释、非常晦涩,充满了奥秘。友谊存在于宿命之中,属于神秘的范畴。既然这个世界上有一些不可改造的生命存在,那么就允许有一些不可更改的友谊存在。

友谊和爱情常常混在一起。是倾慕,是留恋和想念,是真诚的叠印和延长,是没有连接在一起的肌体和思想,是交汇的河流,是同一片海洋。假如我伤害了你,我希望它没有触动到友谊的本质。我在猝不及防时让你产生了误解,或者正好相反……我觉得自己在这个时候也不必显得无助和无望。

可是更多的时候不是这样。更多的时候,比如说我们所看到的那一切,与友谊无关。简单极了,因为他们之间从来也没有友谊,所以当他们谈论到友谊、谈到因为误解而造成的伤害时,细想起来显得特别勉强和可笑。在世俗物欲的驱使下,靠拢和走近,只是一些为了捕猎而临时凑到一起的、随时都能因为猎物的缘故而发生火拼的猎人。这怎么能称为友谊?

在大洋的此岸和彼岸有两个人,他们也许一生都没有见面,可是他们有友谊。他们的呼吸随同他们的思想,在一个遥远的空间里传递流动,彼此感知、感激、思念和需要。必要时,他们援助的手臂可以伸过大洋,一个可以在另一个的保护下进入安眠。

一个卑微的人可以有幸和另一个杰出的人生活在同一个时代,甚至生活在相距并不遥远的邮票大的地方;可是卑微的人是没有勇气到杰出的人那里去寻找友谊的,因为友谊不可以寻找。卑微的人只会仇视、嫉妒,甚至是诋毁,他诋毁的口实就是对方不懂得友谊,或者是破坏了他们曾经有过的友谊。这是十足的误解、十足的错误,因为他们之间压根儿就不会有友谊。

杰出的人只会委屈地注视着生命,他与所有的生命都结成了某种特殊

的关系,他爱他们,因为都是生命。他需要所有人的友谊,从不拒绝友谊。他始终如一地维护着,但由于宿命的神秘的关系,他与那些卑微者不可能在一起,虽然他丝毫也不会理解这其中的缘故。这对于他不是一种误解,而是因为杰出的人物所共有的那种笼罩一切的爱心,是因为充斥着他的目光与外在事物之间的一层浓雾遮蔽了他的判断,是它所造成的。他对于各种指斥是绝对不会理解的。这种不能理解实际上也是最深刻的理解,因为他的迷茫是在生命与生命的关系之间产生的。至于一个生命怎样遭到了扭曲,走到了如此值得同情和怜悯的境地,那又被极其复杂的某种关系所制约,也不是他所探讨和理解的范畴。

一个杰出的人大概一生都不会明白,他也许无需那么多的友谊,因为原本就没有那么多的友谊。这是残酷的事实,但它不可动摇地存在于人生的奥秘之中。

因为他的爱太多了,他广泛地挥洒着自己的爱。他不愿对某一个个体表现出过分的自私,培植出一种变质的、浓稠的,同时又是一种畸形的爱,即所谓的"友谊"。当另一些个体未获得这种满足时,就会相向为仇,伸出诋毁的爪子,去扫动,去惊扰。

两个人可能默默地互相注视了几十年,一个却很少走近另一个,很少去打扰他,很可能还有着轻微地斥责或劝诫,甚至有义正词严地指责,但是他们的缘分是永恒和固有的。他们直到最后分手的时候,也还会被深刻的友谊所连接。这样的例子不胜枚举。在人类智慧群星的银河里,这样的友谊尤其不会陌生。

那些"同伙"之间的情分也许是动人的,可是它们与友谊无关。同伙的故事是关于名利世俗,关于攫取、掠夺、争抢的故事。他们所谓的"义气"不值一文。"义"字一旦有了"气",那么它就变得廉价和低俗了。"义"必须与"正"字连在一起,构成"正义"。单独的一个"义"字也是非常值得尊崇的,行"义"或者不"义",都关系到深刻的原则。而"义气"两个字往往让人想到江湖、哥们儿之类。

是的,今天我们不得不仔细地辨析不同的词汇所包含的不同内容,它们之间或严密或微小的差异。

在一些懂得人生的悲悯、不断地为形而上的东西所感动所感召的最优秀的人类那儿，他对友谊的理解往往令人感动地苛刻。他们所珍视的是不需要珍视的友谊，也是不需要寻找的友谊。

是的，我们有时候的确需要小心翼翼地维护它。不过"它"又是什么？在这种维护之中会是小心地照料，是渴望已久的回报。于是当回报一时没有到来的时候，对方就会感到微微的或愈来愈重的伤害。这种伤害感是会化为愤怒的。是的，因为一开始他们之间大概就不会存在友谊——故意培植的友谊是不值得信赖的。不同的人，不同的类，那种"友谊"的连接是多么脆弱。

搜索友情

□刘心武

刘心武　1942 年生，四川成都人。当代著名作家。1977年发表短篇小说《班主任》，被视为"伤痕文学"的代表作。长篇小说《钟鼓楼》获第二届茅盾文学奖。2005 年出版《刘心武揭秘〈红楼梦〉》，引发国内新一轮《红楼梦》热潮。

我发现，近年来中国文学的题材空前丰富，许许多多的禁区均已相继打破，人的七情六欲似乎都得到了相当的表现，特别是以往最受禁锢的情爱和性爱，以及承载着或失落了情爱的性爱的人们，痴男怨女，节妇淫娃，寡妇鳏（guān）夫，色鬼暴徒，所形成或所潜在的早恋、晚恋、单恋、同性恋、变态恋、纯情恋、纯性恋、无知恋、莫名恋……都不再是政治或道德藩篱所

能阻挡住的,堂堂正正地占据了若干文学杂志的篇什。但有一种按说是人类中最常见最普遍并且也最不受禁锢还可以说是从未列为文学禁区的情感——友情,却几乎没得到什么正儿八经的表现。这是怎么一回事呢?

我把这疑惑同一位朋友说了。朋友笑问:"以往的文学,对友情又有多少正儿八经的表现呢?"冷静一想,可也是。即以"三言"、"二拍"中头一部《警世通言》的开篇"俞伯牙摔琴谢知音"为例,这算是中国古典小说中专门写友谊的了,但写得极浅,读过一遍,所获印象只不过是一个人对另一个人艺术追求的欣赏和理解而已,篇末赞诗云:"势利交怀势利心,斯文谁复念知音!伯牙不作钟期逝,千古令人说破琴。"空洞而无力;《吴保安弃家赎友》、《羊角哀舍命全交》也不过是表达了仗义与守信,那自然是人与人交往之间的美德,但距友情的精髓,似仍较远。

《红楼梦》简直就是我们中华民族的文学"圣经",被誉为"中国封建社会的百科全书",但《红楼梦》中写了那么多种人际关系,却似乎并没有写到深刻意义上的友谊,贾宝玉与秦钟乍看上去是一对朋友,但从情节的流动中与叙述语言的蛛丝马迹中,读者不难发现他们其实是一对同性的恋人,贾宝玉与蒋玉菡的关系就更令人洞若观火;"金陵十二钗"之间固然不乏欢聚笑谈或喁喁私语的交往,但有谁相信,"蘅芜君兰言解疑癖"之后,宝钗和黛玉就真的"孟光接了梁鸿案",成为朋友了呢?又有谁相信,"金兰契互剖金兰语"之时,李纨和凤姐就真的心心相通了呢?甄士隐对贾雨村的赏识与接济,并未融化贾雨村人性中的黑暗,二人之间并不存在真正的友谊,"醉金刚轻财尚义侠",似乎有了一些友谊的成分,但小说中明文写着:"贾芸心下自思:'倪二素日虽然是泼皮,却也因人而施,颇有义侠之名。若今日不颂他情,怕他臊了,反为不美。不如用了他的,改日加倍还他是了。'"贾芸竟根本没把倪儿的人格提升到朋友的高度。《红楼梦》这"百科全书",竟缺了"友谊"这极端重要的一科。

中国古典诗词中,朋友间赠答的诗不少,唐诗中尤多,但如果用挑剔的眼光去看,则纯粹的友谊仍然寥寥。"海内存知己,天涯若比邻"该是绝顶光艳的名句,但人家明明白白说清楚了这种"知己"的基础——"同是宦游人",即同处一个官场,一个政治圈子,而世上没有比官场更多变化,没有比政治圈子更会"翻脸不认"的了,所以,尽管我们曾将这两句名诗热血沸腾地赠给了"欧洲社会主义明灯"，但一旦我们认为人家"灯灭"或人家认为我们"修正"，则双方的血温都会降到冰点，所以这样的诗歌似乎并不能算是真正的"友谊颂"。别的诗呢？"雨中黄叶树，灯下白头人，以我独沉久，愧君相见频"，颇为深沉，但"平生自有分，况是蔡家亲"，原来是亲戚之情；白居易与元稹之间的友情，是为人所称道的，比所传的李白与杜甫之间可疑的友情真切而可以捉摸，元稹诗曰："残灯无焰影幢幢，此夕闻君谪九江，垂死病中惊坐起，晚风吹雨入寒窗。"细品之后，发现他所关切的，还是白居易的仕途沉浮，这其实还是一种"同僚"之谊，即潜意识中"一荣俱荣，一损俱损"的情绪宣泄。而"劝君更进一杯酒，西出阳关无故人"的名句，含义汗漫，所谓"故人"，指泛泛的朋友，或可理解为"故里之人"，引出的并不一定是关于友情的思绪，而很可能是对离别熟悉的人文环境踏入一陌生境界的惆怅；杜甫名篇《赠卫八处士》句句牵人魂魄，但通读全诗，就可知杜甫与那位卫八处士之间其实平素并不互通消息也并无思念挂胃(juàn)，只是在偶然的邂逅中抒发人生无常的感慨罢了。"晚来天欲雪，能饮一杯无？"充其量只是一对"酒友"，"何时一樽酒，重与细论文"，也无非只是一对"文友"，"桃花潭水深千尺，不及汪伦送我情"，也只不过是短暂的"离情"；"十年磨一剑，霜刃未尝试，今日把示君，谁有不平事？"似乎在呼唤友情，但究其实，不过是醉金刚倪二似的乜(miē)斜着眼爆着嗓门发泄自我的侠义情思罢了。所以，倒是感慨友谊之难寻觅的诗更多也更深刻。"人生何处不离群，世路干戈惜暂分。"深知散比聚更为人际关系之常态。"世人结交须黄金，黄金不多交不深。"干脆断定人际关系是"金本位"而非"情本位"。"百年歌自苦，未见有知音。"对在世期间觅到友谊已不存幻想。"千秋万岁名，寂寞身后事。"则对离世后也不抱期望，人是自始至终只有以自己为友了。李白毕竟还是伟大，杜甫对他那样好，所献出的感情非"友谊"二字莫能命名，但他的回应总是淡淡的，他"花间一壶酒，独酌无相亲，举杯邀明月，对影成三人"，自得其乐，或索性以大自然为友："众鸟高飞尽，孤云独去闲，相看两不厌，只有敬亭山。"伯牙子期的美谈似乎并不能打动李白的心，他连"知音"也不尊重："我醉欲眠卿且去，明朝有意抱琴来。"简直十足的"以我为中心"，我要是那位被轰走的人，一定会对他说："我才不伺候你呢！明儿谁来谁是孙子！"

说了这么一大堆，无非是感叹友谊的精贵。不作习惯性的"中西文化对比"了，洋人的文学里或许真有关友谊的闪光篇什吧，但人家没有长达几十年的"以阶级斗争为纲"和一连串把全民都卷进去的政治运动，所以尤其不必也不便作近期的对比。

朋友问我："你认为什么才是纯粹的友谊？"《尔雅·释训》："善兄弟为友。"《易·复》："朋来无咎。"这些古典的解释我都不取。"同师曰朋，同志为友"，其实等于取消了纯粹的朋友。我认为，在当代中国，纯粹的友谊必须具备以下三个特征：

（1）它是超越性的。超越爱情，异性或同性间的情爱，可能含有相当的友谊成分，但我不视为正宗的纯粹的友谊。超越政治功利，所谓"同志"、"战友"，特别是"同一条战壕中的战友"，当然都可能含有相当的友谊成分，但我更不视为正宗的纯粹的友谊，记得几年前刘少奇同志得到平反后，某报上立即登出一篇《毛主席和少奇同志的革命友谊》，字字句句皆陈述若干年前的事实，但读后感觉不舒服，类似的大文还有《毛主席与彭大将军情深义重》等等，其实几位作古的政治家之间的关系变化从历史角度上看并无多少创新成分，并不足奇，亦不必怪的，问题在于那些大文的作者把友谊这一类型的人类感情栽串了秧。友谊当然更应超越金钱，时下泉涌般冒出的"作家艺术家企业家联谊会"，其中的"谊"究竟有几多重，殊可怀疑。友谊还必须超越世俗。中国的世俗其实是一张铺天盖地的关系网，人际为网络，个人为网结，互相依存又互相牵制，依存时颇能派生出"咱们是朋友"，即"哥儿们"、"姐儿们"、"爷儿们"的亲昵感觉，牵制时又颇能滋生出"别那么不够朋友"的怨怼，在冲撞离弃中也颇能产生"挥手自兹去，萧萧班马鸣"，"明日隔山岳，世事两茫茫"的情思，产生出似曾有情谊的错觉，其实，这种世俗的网络关系，是培植不出纯粹的友情的，真友情必须连这个也超越。

（2）与一般人所强调的相反，我认为友谊的真谛并非所谓的"知音"、"知己"、"知心"，所谓"支颐不语相思坐，料得君心似我心"，可以用来形容爱情，却不宜用来表现友情；又所谓"更待菊黄家酿熟，共君一醉一陶然"，只能说是"酒肉朋友"，离真正纯粹的友谊何啻十万八千里之遥。真正的朋友，互相之间是一种精神互补的关系，他们完全不必也不大可能达到"心心相印"，他们能够而且应该有坚固而深密的个人隐私，他们应该具有独立不羁的灵魂和独特的见解，他们相聚时，默默无语乃非常态，愉快交谈才是常态，而互相印证及趋于认同是其次的，互相撞击及促使各自思想的深化则是主要的，交友的乐趣，几乎全在"精神的宴飨"这一点上。所以，真正的朋友往往并不存在于同一代人之间、同样社会地位之间、同一职业之间、同样性格气质之间、"同僚"之间或"同科"之间。

（3）不消说，真正纯粹的友谊必须有坚韧的承受力。所谓"陌路相逢，肥马轻裘蔽之而无憾"，说的是刚一交友便可作出财物上的重大牺牲；而俗话所说"为朋友两肋插刀"，则体现出为朋友可以一直牺牲到性命的气魄，不过我以为这些做派都只是浅层次上的表现，友谊的坚韧承受力，主要应体现为心灵上的大理解和大容纳，比如朋友犯罪受罚，别人或幸灾乐祸，甚而落井下石，或漠然冷然，只作壁上观，或一般同情，并给予一定物质和精神上的帮助和慰藉，而作为其朋友，则有一种超越于法律和道德上的大宽容大悲悯，深知其人性中的什么部分与人文环境中的什么因素化合为这样的结果，因而，除了一般的关怀和帮助外，仍保持与他或她的一如既往的对话关系；倘是蒙受冤屈或遭遇不测，当然这种对话关系更应保持其坚韧性与美好性；所谓"有福同享，有难同当"至少不是当代人友谊的要义，福应各自享各自的，难应各自当各自的，只是无论在福中还是难中，双方心灵上的互补都成为一种自然而然的需求，在这茫茫人世上，朋友间的大悲悯应覆盖着双方的灵魂。

以我如此挑剔的眼光来观察，则不仅我们的文学作品中简直没有纯粹的友谊浮现，就是我们的社会生活中，何尝能找到很多经得起检验的友谊？我倒并不拘泥于"文学是社会生活的镜子"的观点，文学完全不必是镜子，文学可以表达理想，可以寻觅现实中罕有或没有的东西，文学还可创造出完全与现实无关的也并不一定是理想的怪物，文学是绝对自由的，但这绝对自由的文学中，竟然如此匮乏友谊这种东西，细思之，又并无人禁止表现友谊，这是怎么一回事呢？

所以这回的"闲话"题为"搜索友谊"。友谊竟稀少、隐蔽、潜在、混沌、模糊到了必须加以搜索的地步，这是当代中国人（且不必将地球上其他人类囊括进去）的悲哀吗？

第一辑　君子之交淡如水

当代的中国人,或心甘情愿生活于人际的既定网络中,误将网结之间的牵线当做友情;或不甘在人际的既定网络中沉沦,于是拼命维系个人这网结的尊严和价值,乃至用厚厚的壳儿将自己包裹起来,对友情不存追求与向往。以上两种人,似乎都生存得不错。

不想再说什么了,引一首晚唐韦庄的诗《独鹤》作结尾吧。为什么引它,请读者诸君随意解释——

夕阳滩上立徘徊,
红蓼风前雪翅开;
应为不知栖宿处,
几回飞去又飞来。

友　情

□ (台湾) 林海音

林海音(1918~2001)　女,原名林含英,生于日本大阪。台湾作家。主要作品有散文集《窗》、《两地》、《一家之主》,短篇小说集《烛心》、《婚姻的故事》、《城南旧事》;长篇小说《春风》、《晓云》、《孟珠的旅程》等,此外,还有许多文学评论、散文等,散见于台湾报刊。

似乎只有春夏两季的岛上生涯过得快,一转眼间就是三年了。今天,白天听着巷子里叫卖枳柑的声音，晚上按摩的盲者又拖着木屐，吹着笛子从窗前经过，和三年前自基隆舍舟登岸后，借住在东门二妹家的情景一模一样。

邻居的一品红开得正盛，陪伴着一株高大的橡皮树，在墙头迎风招展。在北平，这是珍贵的"盆景"，此刻正陈列在生了洋炉子的客厅里和冷艳的腊梅并列。

想到了北平，便不能忘怀扔在那里的一大片。家搬到那里二十多年了，可留恋的东西实在很多，衣服器物，只要有钱原可以再购置，但是书籍，尤其照片，如果丢了就没有法子补偿。更可怀念是那一帮朋友——那一帮撇着十足京腔的朋友，他们差不多都没舍得离开那住进去就不想走的古城，现在不但书信不通，简直等于消息断绝。

这些朋友，有的是同事，有的是同学，有的是同乡，有的兼有以上两种或三种的资格。我们从梳着俩条小辫儿一同上学到共同做事养家，又到共同研究哺育子女方法，几十年都没有离开这城圈儿，现在却分居在两个世界里，不知何日重见。和这些朋友彼此互悉家世，了解性格，而且志趣相投，似乎永远没有断交的可能。如果他们果然能保得余生，但是经过长期地世事封锁，将来再见，也想象不出他们那时是何等情景了。

我刚回到台湾时，幸运的是家人大部分团聚，甚至还多了许多亲戚长辈。不过寂寞的是友谊突然减少，偶然有剩余的时间，觉得无所寄托，认识的人虽多，可以走动的朋友却极少，值得饮"千杯酒"的知己更少。所以我那时常对人说，回到台湾，理论上是还乡了，实际上却等于出了远门儿，因为只有到一个新地方才感觉到没有朋友的寂寞，"出门靠朋友"，没有朋友便有流亡身世、无所依靠之感。

幸亏第一个来填补这个"感情的真空"的是乡情，我所能感觉到的乡情有两种，一种是台湾的，许多亲友听说我"少小离家老大回"，都来接风叙旧，对于我的"乡音未改"，尤其感到愉快；另一种是大陆的，例如山东朋友明明听到我是"京油子"，却坚持要称我是"老乡"，广义地说，都是从大陆上来的；再狭义一点儿，好像我们都有资格参加华北运动会，他却不晓得我是回了"本乡本土"的呢！反而是到了台湾人的面担子上，老板娘却坚持说我连"半山"都不像。

第二个是，友情之门忽然开放，许多"不速之客"闯了进来，这完全是因为偶然在报纸杂志写写稿子的缘故，日子一多，纸上也熟悉了。以文会友，一封表示"久仰"的信便可以建立了友情。

这许多新朋友是分住在各地的，有的在热闹的城市，有的在安静的小城镇，有的在风景区。台湾的交通便利，旅行成了极平常的事，再远的地方也不过朝发夕至。无论新朋友老朋友，都是到一处，揽一处，一地有一地的情味，一处有一处的风光，虽然台湾的恶酒不足以论文，甚至会吓跑了文思，但是作客异地，秋窗夜话，已经够得上是件乐事了。我常常感觉到，即使从小看大，乃至天天见面的老朋友，有些共同生活反而不容易产生，例如昔人说"联床夜话"，想一想，越是亲近如邻居，反而不会有这种乐趣的。

木屋生活是有趣的，榻榻米上可以许多人拥被围坐，中间放一只矮脚桌，烟茶果点，有备无患。如逢冬夜，加上火盆一只，烧着熊熊的相思炭，上面烧水、烤薯、煮咖啡，无往而不利。战火余生，得到这样自由自在的生活，真该谢天谢地了。

两年来，在台湾交的新朋友，寄来的信已经塞得满满一抽屉。台北的电话太少，本市的朋友也要靠绿衣人联络，所以写信也成了伏案生活的一部分。写信有好处，"物证"在手，闲时可供消遣，必要时也可资覆按，比起话说过了不存形迹，另是一番趣味。将来"王师北定"之后，把这些信整理发表的话，也称得上是"避秦书简"呢。

信笔至此，风正吹着门窗格格作响，雨打椰树发出沙沙的声音来。若有足音到窗前而止，敲着玻璃问道："海音在家吗？"我必掷笔而起，欣然应道："在家在家，快请进来坐，乌龙茶是刚沏好的啊！"

第二辑
以 友 辅 仁

朋友是干渴难耐时的一捧清泉，严寒刺骨时的一碗热汤；朋友是悲伤难过时可以依靠的肩膀，孤独寂寞时打开心牢的钥匙……

最可信的忠告只能来自最可靠的朋友，最急需的帮助只能来自最无私的朋友，最秘密的心事只能倾诉给最亲密的朋友，最重要的嘱托只能交付给最忠实的朋友。我们与朋友同在，朋友与我们同行。生命中有朋友，就有渗透身心的愉快和刻骨铭心的感动！

论 友 谊

□[古罗马]塞涅卡 赵又春/译

塞涅卡（约公元前4年~公元65年） 古罗马政治家、哲学家、悲剧作家。他的伦理学对于基督教思想的形成起到了极大的推动作用，其方法论被《圣经》大量吸收，因此有了基督教教父之称。著作颇丰，触及了可以作为研究对象的一切实际领域。代表作有《砚里的幸福人生》等。

你托人给我送来一封信，自称送信人为"朋友"，可你第二句话就提醒我不要随便同他谈论你的私事，因为你自己也不常和他商量你的私事的。换句话说，在同一封信中，你先称他为朋友，后又予以否认。如果你是随便地而不是依照严格的意义使用朋友这个词，你叫他"朋友"，就像我们提到候选人时称"先生"，遇到一个人准备打招呼，可一时记不起他的名字，就叫声"我亲爱的伙伴"一样，那倒无关紧要，但如果你是在对某人的信任还不是像信任你自己一样的时候就把他看做朋友，那可是犯了严重的错误，说明你还未能完全了解真正的友谊的含义。

你当然应该和朋友讨论一切，但在这之前，你要在心中讨论一下其人本身。一旦建立友谊关系，就必须信任他；这之前则应对他加以鉴定。有人不听泰奥弗拉斯托斯的劝告，先把某人当做朋友，后来又对他品头评足，这显然是本末倒置。是否值得同某人交朋友要深思熟虑，一旦作出交友的决定,就要全心全意地欢迎他,同他谈话要忠诚坦率,就像同自己谈话一样。对一切都不能守口如瓶,也就同样容易向敌人告密;但在某些问题上务必保持沉默,你应该同朋友商量的,只是你个人的烦恼和个人的思虑。你该如此生活,简直不在话下。只要把朋友看做是忠诚的人,你也就会使他成为一个忠诚的人。有些人担心被骗,可正是这种担心教人欺骗他们。他们由于多疑,也就给了别人欺骗他们的权利。和朋友在一起时,我还有什么可隐瞒的? 在朋友们之中时,我为什么还要把自己设想为孤独者?

有些人把只该对朋友讲的事告诉路人,随意向任何一个人倾诉衷肠;有些人则羞于向最亲近的朋友公开隐私,假如能够的话,甚至想不让自己知道深深地埋在心中的秘密。这两种人我们都不可效法。信任每一个人和不信任任何人一样,二者同样都是错误的(虽然应该把第一种态度叫做过于高尚的态度,第二种态度叫做过分保险的态度)。

同样,老是忙忙碌碌的人和始终疲疲沓沓的人,都不值得称赞——前者和后者一样。因为以匆忙为乐事并非勤勉——它只是一颗被追逐着的心的不平静的活力;对一切活动都感到厌倦,这种心境也不是真正的宁静,而是一种没有骨气的惰性。这使我记起我在庞波尼乌斯的书中偶然读到过的一句话:"有些人深深地蜷缩在黑暗的角落里,以至于明亮的阳光下的东西他们也觉得是非常模糊的。"我们需要的是上述两种态度的均衡地结合。勤勉的人应能做事从容,不想动作的人则应行动起来。去问大自然,它会告诉你:她既创造了白天,也创造了黑夜。

友 谊

□ [意] 索菲亚·罗兰　郭少波/译

索菲亚·罗兰 1934 年生于意大利罗马。久负盛名的国际影星。拍摄的作品有《两个女人》、《昨天、今天和明天》、《意大利式的结婚》、《向日葵》、《卡桑德拉大桥》等。半个世纪以来，她以动人的风采、卓越的演技给人们留下了 70 多部影片，被授予奥斯卡终身成就奖。

谈到旅行与去商店买东西，使我想起了友谊。如我说过的，我对买东西兴趣不大，但我少数的几次去商店通常有我朋友陪着，这样，我们就有乐趣了。我们一起走进商店，看这看那，来回比较，说说笑笑的，购物成了一个短短的假日，一段颇有情趣的经历。女人是很幸运的，因为她们在生活中有这么多建立友谊的机会。

提起友谊，我自然想起我的朋友，我只有两三个密友，他们对我来说是非常重要的。我不相信你会有许多许多朋友，你只能有几个让你满足的亲密朋友。

真正的朋友是少见的。对这样的朋友你可以敞开胸怀，因为真诚相见是友谊的灵魂。当然，你只能对那些你信任，而他们也关心你幸福的朋友真诚相见。建立友谊是需要时间的。一旦你有了可与你分享生活甘苦的朋友，你确实是幸运的人。

当然，不是每一种友谊都是持久的。在你一生中，该同多少人接触交往？有时，友谊是短暂的。作为一名演员，我的遗憾之一就是在一部片子里与人们亲密地共同工作，片子一拍完，就不得不说再见了。你知道，你即使与某人联系不断，也绝不会有在一起工作中建立起来的那种炽热的情谊。我是如此珍视那些有着特殊友谊的时光。比如，在我拍摄《骄傲与热情》时，斯丹莱·克莱默的妻子安妮·克莱默每天花上几个小时同我待在一起。那部片子是我的第一部英语电影，可我对英语知之不多，我担心我会变成一个傻瓜。如果我到时候忘了台词，简直没办法即兴编上几句。每天晚上，安妮帮我记台词，还拿来一本 T·S.艾略特的诗集，听我阅读，纠正我的发音。我永远也忘不了她对我的深情厚谊。

有时，当然不是经常的，你刚遇到一个人，你就知道你俩将成为朋友，这是你心灵深处感觉到的东西，你无法予以解释。我同安·斯腾堡的友谊就是这样的。我是在 1970 年同她的丈夫李一起工作时认识她的，她丈夫是个令人难忘的人，当时我们正在电影《卡桑德拉大桥》的拍摄地。我就特别喜欢他们夫妻俩和他们可爱的孩子。当李去世后我非常难过，但在这不幸的事发生之后，我同安及她家庭的纽带更加牢固了。我佩服她作为女人所具有的非凡的勇气、天才与风格。她在继承她丈夫的事业上作出了很大的成绩，使那著名的爱克塔斯电影厂充满生机。

我自然跟我所有的同事们都有来往。贝斯罗·法兰契纳是我们在 1954 年拍摄的《河的女人》的执行制片人，他成了我最亲密的朋友之一。贝斯罗的生辰属于宝瓶星座，我认为这个宝瓶星座使我有了一位卓越的朋友。他是一位对世界充满道德感的人，从来不让我逃避任何责备。他又是一位哲学家，你知道，你要是碰到一位有道德感的哲学家，你就有可辩解的啦。幸运的是，他也不是十全十美的。他是个唠叨鬼。当我用英语这样称呼他时，他还以为这是一种恭维呢！不过后来一位美国朋友把我所说的真实意思告诉了他。想起来也有点令人惭愧：正因为 25 年来，他在玩拼字游戏时总是赢我，所以我同他开了这个玩笑后很是快活。

友谊的价值之一在于它能消除你爱情关系上的压力，这听起来有些古怪，是不？但我认为确实如此。你也许对你的丈夫寄予了过高的期望。你常常会不现实地希望他能成为你的太阳与月亮；你觉得他应该理解你的

一切，并对你的一切情绪都给予同情。正如我们都知道的，这是不可能的。没有一个人能完全充实你的生活，你总有一些思想与情感是他无法理解的。这正是朋友能发挥作用的地方。有时候，我未得到的帮助和理解，都会在与朋友的一席谈话中获得。这样的谈话使我恢复理性。我从来没在精神诊疗中得到过什么安慰，而我的朋友却不止一次地使我摆脱了烦恼。

说起友谊，我们就会联想到谈话这种表达思想、探讨问题和交流经验的方式。可是，有时候友谊需要的是沉默。维托拉·德·西卡是我最亲密的朋友，他在拍摄《旅程》之前，就知道自己的病已经很严重了。当我们在一起拍这部电影时，别人都说他好些了，他自己也这么说。我不知道他是否真相信这一点。在这部片子里，我扮演的是一位不久于人世的女人。她的小叔子（由理查德·帕尔顿扮演）带着她踏上旅程，寻医治病。他们相爱了。她最后的日子是欢乐的日子，沉浸在罗曼蒂克的美好意境中。《旅程》是德·西卡的最后一部片子，尽管我在拍片期间就有不祥的预感，但我将它藏在心底。我默默地听他讲如何扮演一个濒临死亡，而生活却突然变得幸福和充实的女人。我尽全力照他指示的去做。我最后一次见到德·西卡是在影片拍摄结束时，我同他紧紧拥抱，趁他与拍摄地的姑娘说笑的时候，我离开了。几个月后，他便去世了。

多样性也是友谊的价值之一。每一种友谊都是不同的。你也许会发现你同某个朋友总是谈你们的丈夫，与另一个朋友你却谈工作中的问题，还有一位朋友则是你旅行时的好伙伴。别期望在一个朋友身上得到一切，这样你对友谊的要求就太高了。对友谊的过分理想化是自私的。善于发现每一个朋友身上的独特的品质，并为此而感谢对方。

最后一点，你别把别人成为你的朋友视做当然之事。你得让朋友们知道你很感谢他们，这才能培育你们之间的友谊。生活若没有朋友，它将变得枯燥乏味。

交不在多,得一人可胜百人;交不论久,得一日可喻千古。

——[英]莎士比亚

近朱者赤

□ [英]塞缪尔·斯迈尔斯

塞缪尔·斯迈尔斯(1812~1904) 英国 19 世纪伟大的道德学家、社会改革家和散文随笔作家。作品有《自己拯救自己》《品格的力量》《金钱与人生》《人生的职责》等,其作品在全球畅销 100 多年,改变了亿万人的命运,塑造了近现代西方道德文明的精神风貌。

有一句流传甚广的格言说:"通过一个人的朋友,我们就可以知道这个人的为人品行了。"确实,有良好饮食习惯的人,是不会与酒鬼成为朋友的;风度翩翩、通情达理的人不会和言语粗俗、没有修养的人打成一片;品格高尚的人更不会和荒淫放荡的人走在一起。与品格低下的人交往,自己也会变得没有品位,甚至社会品格也不可避免地会走向邪恶堕落。塞涅卡说:"与邪恶的人谈话是非常不明智的,这不仅给你造成直接的伤害,还会玷污纯洁的心灵,而且邪恶的种子已经播下,它所带来的伤害就不会是暂时的,有可能在将来酿成深重的灾难和不幸。"

假如能给年轻人创造一个良好的道德氛围,对他们进行正确的影响和教导,并充分发挥他们的意志力,他们就能自觉地以品格高尚的人为榜样,不断地学习,激励自己不断进步。"近朱者赤,近墨者黑。"与优秀的人交往,就能受到良好的熏陶,吸取他们的精华,使自己也变得

品质高尚;反之,若与邪恶的人为伍,那么,自身也好不到哪里去,最终还会招致祸端。在我们周围,有的人得到了人们的爱戴、尊敬和赞美,也有人遭人鄙视和唾弃,对其退避三舍。拉伯雷曾在其作品《巨人传》中谈论到这个问题。和品行高尚的人共处,你的心灵就会如坐春风,得到净化。反之,会像西班牙谚语说得那样:"与狼在一起生活,你只能学会嗥叫。"

和平庸自私的人交往,你可能会受他的影响,也变得自私自利、平庸保守,难以形成勇敢刚毅、胸襟开阔的人格。也许在很短的时间内,你就会成为一个心胸狭隘、优柔寡断、不思进取的人了。这样的人想在今后的生活中有所作为,简直是不可能的事情。

反之,如果我们经常与优秀人物交往,就会受到他们优秀的智慧、丰富的人生阅历的影响,变得富有激情,视野开阔。人们会以榜样的言行作为自己的楷模,希望能够变得像他们一样优秀。从榜样经历的成功和失败中,我们可以学到很多的人生经验,得到很多启发。和强大的人做朋友,我们可以从他们身上获得力量;和聪明而精力充沛的人做朋友,我们就能增加才干,坚定决心,振奋精神,更加敏捷和老练地处理遇到的问题,这对于养成良好习惯和高尚人格会有很大的促进作用。

西摩本尼克夫人说:"当初颠沛流离的生活对我产生了严重的影响,为此我常常懊恼不已。对于我们来说,最可怕的就是罪孽深重而又不思悔过。离开社会独处,不但没有机会去帮助别人,而且连帮助人的意识也没有了。如果能尽可能地扩大交际的圈子(只要不影响到个人的生活),就会在与人交往中得到丰富的社会交往的经验;通过和别人情感上的沟通,获得他们的理解和认可,慢慢地,你会发现别人身上的闪光点,同时,在与人交往中,自己的人格也会得到升华。只有这样,我们才能更加清晰地认识自我,更加理智地走好人生之路。"

朋友间诚恳的建议、及时的提醒以及善意的批评,都可能会对一个年轻人产生重大影响。印度传教士亨利·马丁就是这样一个例子。在初中学习的时候,有个朋友对他的生活起到了巨大的影响。那时的马丁不喜欢运动,从不积极参加学校或班级组织的各种活动,因此身体虚弱,而且他性格急躁,有轻微神经质。因此,有些比他大的孩子常常取笑他,以激以赠品收买朋友，则朋友也可能被他人收买。

——[英]莎士比亚

他发怒和欺侮他为乐。不过有一个大一点儿的孩子向马丁伸出了友谊之手，总是尽力帮助他，不仅挺身而出帮他打架，更可贵的是还帮助他学习功课。这样，他们成为真正的朋友。虽然马丁天赋不是很好，但他的父亲还是希望他能接受大学教育。在大约15岁时，他的父亲曾想把他送进牛津大学，但却没能如愿。马丁在杜鲁初级中学继续学习了两年，之后来到剑桥的圣约翰学院学习。出人意料的是，在这里，他与初级中学的那位伙伴不期而遇。于是两人的友谊不断加深，后来，这位年长的学生成了马丁的指导教师。马丁有了一定的学业成就，可他的性情仍容易激动，甚至有时会暴怒。与他截然相反的是，他的这位教师朋友稳重、耐心，并且勤奋刻苦，他总是细心地呵护马丁，指导和劝勉他控制自己易怒的情绪。他尽力使马丁不偏离正道，以防走向歧途，劝导马丁努力学习。他说："这样做不是为了赢得别人的赞许，而是为了上帝的荣耀。"在朋友的帮助下，马丁的学业进展顺利，在第二年圣诞节考试中，取得了年级第一的好成绩。遗憾的是，马丁的这位良师益友自己却没有取得什么突出成绩，因此很少有人提起他。尽管如此，他的生活仍是有意义的。正是在他追求崇高理想的影响下，马丁形成了良好的人格，树立了追求真理的远大理想，为日后的成功打下了坚实的基础。不久之后，马丁就成为一名优秀的印度传教士。

论 友 谊

□[黎巴嫩]纪伯伦

纪伯伦(1883~1931)　黎巴嫩诗人、散文家、画家。著有短篇小说集《草原新娘》、《叛逆的灵魂》，长篇小说《折断的翅膀》，散文诗集《先驱者》、《先知》、《沙与沫》、《人之子耶稣》、《先知园》，以及诗剧《大地诸神》等。

　　一个青年对他说：请给我们说说友谊。于是他回答道：你的朋友就是你需求的满足。他是你用爱播种、用感谢收获的田地。他是你的餐桌，你的炉膛。你因为饥饿，因为寒冷，而寻求他的帮助。当你的朋友向你吐露胸臆的时候，你不要怕说出"不"，也不要隐瞒你心中的"可"。因为在登山者眼里，那山要比远处原野更加实在，更加壮观。

　　当你的朋友保持沉默的时候，你仍然要让你的心倾听他的心声。因为友谊是无需言语就能滋长，并让朋友喜滋滋地共享其成果的一切思想、一切愿望和一切希冀。如果你的朋友离你而去，你不必忧伤，因为你在他身上所追求的东西是很多的，或许他不在的时候，那些东西会在你充满爱的双眼面前显得更加清晰。你们不应对友谊有其他的要求，除了让友谊更深地印刻在你们的心灵里。因为那没有希望、仅为揭示自身奥秘的爱不算是爱，而是一张撒下生活大海中的网，捕获的也只是些无益的东西。

　　但愿你将自己最心爱的东西留给你的朋友。倘若值得让他知道你生活的潮落的话，那么也可让他了解你生活的潮涨。在这世界上，那仅仅陪伴你消磨有限时光的朋友，你对他还有何可求的呢？你应去寻找那振奋你白昼和夜晚的朋友，因为只有他才能满足你的需要，而不是填满你的虚空和枯燥。但愿彼此共同的享受和愉悦，能超越友谊的甘甜。因为在细微事物的晨露中，心灵能寻到黎明而再度焕发精神。

朋友·知己·孤独

□吴冠中

吴冠中　1919 生，江苏宜兴人。著名画家。主要致力于油画民族化和中国画现代化的探索，在美术创作和美术教育上取得了巨大成就。中国画代表作有《春雪》、《长城》，油画代表作有《长江三峡》、《鲁迅的故乡》，个人文集有《吴冠中谈艺集》、《吴冠中散文选》、《吴冠中文集》等十余种。

　　在绍兴安桥头带着鲁迅坐船去看社戏的那伙小朋友，途中争着要偷自己家田里的罗汉豆，后来他们间的友情又怎样发展虽不得而知，但无私和单纯心态的形成当缘于特定的生活环境。我的小孙孙在国外上小学时，学校离家远，中午自己买饭吃，他妈每天给他午餐费。有一次他忘了带钱，中午便饿着。不能向同学借钱吗？不能向老师借钱吗？不，他不愿，说别人也从不借钱。

　　友情诞生于相互了解，相互帮助。记得中学时代同班同学中朋友的分

群大致是以用功程度和成绩优劣为凝聚力的。到了大学，各奔自己的专业，中学时代的朋友天各一方，起先还鱼雁往返，后来音信渐杳。失掉了共同土壤，瓜果日益异味。专业的选择，决定人生命运，在专业的人生道路中，结识终生的朋友、知己，胜于手足之情。投身文艺生涯的，艺术观和艺术品位几乎成了划分朋友甚至敌友的唯一标准。

意气相投，是由于怕孤独与寂寞，彼此寻找共鸣吧！一味探新路，长期探新路，坚持探新路的人往往是孤独者。当孤独植根愈深，触及异样的土，品到异样的味，这就很少人能知晓了，于是将感到真正的知己寥寥可数，甚至等于零。并非没有朋友与亲人，好鸟枝头皆朋友，一群群热热闹闹、高高兴兴、欢欢喜喜的朋友随处可见，但不相干的闲朋友反而增添了孤独者的寂寞感。

"上了朋友的当！"常常有人提出感叹。因为是朋友，才信任，才会上当，才更生气。朋友在变，没有不变的人，自己也在变。漫长的人生道路中，每一阶段都有过朋友和知己。过了这村便没有这店，朋友和知己都不能永远与自己结伴同行，分手了，留下怀念，然而许多的怀念浇灭不了永恒发展中的孤独，"人生难得一知己"似乎道出了真谛。

友　情

□ [英] 弗兰西斯·培根

弗兰西斯·培根(1561~1626)　英国哲学家，英国唯物主义和近代实验科学的始祖。第一个提出"知识就是力量"的人，被尊称为哲学史和科学史上划时代的人物。主要著作有《论说随笔文集》、《论科学的价值和发展》、《新工具》等。

如果没有友情，生活就不会有悦耳的和音。在没有友谊和仁爱的人群中生活，那种苦闷正犹如一句古代拉丁谚语所说："一座城市如同一片旷野。"人们的面目淡如一张图案，人们的语言则不过是一片噪音。

由此可以看出，人与人的友情对人生是何等重要。得不到友谊的人将是终身可怜的孤独者，没有友情的社会则只是一片繁华的沙漠。因此那种乐于孤独的人，其性格不是属于人而是属于兽的。当你遭遇挫折而感到愤懑抑郁的时候，向知心挚友的一席倾诉可以使你得到疏导。否则这种积郁会使人致病。除了一个知心挚友以外，没有任何一种药物可以治疗心病。只有对朋友，你才可以尽情倾诉你的忧愁与欢乐、恐惧与希望、猜疑与烦恼。总之，那沉重地压在你心头的一切，通过朋友的肩头被分担了。

友谊的奇特作用是：如果你把快乐告诉一个朋友，你将得到两个快乐；而如果你把忧愁向一个朋友倾吐，你将被分掉一半忧愁。所以友谊对于人生，真像炼金术士所要寻找的那种"点金石"。它既能使黄金加倍，又

能使黑铁化金。实际上,这也是一种很自然的规律。在自然界中,物质通过结合可以得到增强,而人与人之间难道不也正可以如此吗?

朋友,谢谢你

□韩小蕙

韩小蕙 女,北京人。当代作家,光明日报社《文荟》副刊主编,高级编辑。著有《韩小蕙散文代表作》,编著出版《90年代散文选》等。曾获中国新闻界最高荣誉韬奋新闻奖、首届冰心散文奖、首届郭沫若散文优秀编辑奖等。1994年被伦敦剑桥国际传记中心收入《世界杰出人物大辞典》。

心情不好的时候,就容易想不开。尤其是女性,一旦处于生命的低潮,便分外地觉出世界的无奈!

感觉着,有一根什么东西,吊在脖子上,在黑与白、生与死之间,摇来摆去。也说不清到底是钟摆呢,还是绳子……

这是万念俱灰的时刻。对付它的办法,我终于找到了一个,就是去看朋友们寄来的贺卡。

一

贺卡已经鼓鼓囊囊地装满两大只牛皮纸口袋。"哗啦"倒个底朝天,情

谊堆在一起，俨然耸起一座喜马拉雅山。

生平最早的一张，已遥远不可考，那依稀是在儿时，小伙伴们送的。在历尽坎坷，特别是"文革"劫难之后，那欢乐的黄金时光，早已是一去不复返了。

手边上最早的一张，是乙丑年前夜，我的大学校友邓君寄来的。贺卡并不华贵，贺词却一纸千钧，是他托付我问候所有能联系上的南开同学。那正是我们毕业的第三个年头，"自我不见，于今三年"呀！

最珍重的一张，是著名歌唱家仲伟老师寄来的。自从那一年我为她写了报告文学《歌的梦》之后，仲伟老师就同我成为忘年交。可是晴天打来霹雳，她突然于前年辞世。手上这张珍贵的贺卡，成为我对她永恒的思念。

情谊最多的一张，是《上海文学》编辑部于马年庚午寄来的。上面有周介人等全体同仁共29位的亲笔签名。贺词好得不得了，用大红字写着："我们昨天今天明天天天天天天天天天天天天天祝您万事如意。"热浪当时就在心中翻滚起来，那正是我的本命年，这是多么好的一条"红腰带"。

最诗意的一张，是青年女作家长江寄来的。上面是一首亲切极了的小诗："圣诞咬着新年/新年咬着春节/全来了/一声轻轻的问候，轻轻/一个深深的祝福，深深……"

最遥远的一张，来自前苏维埃社会主义共和国联盟。那是我报社前往学习的一位同仁寄来的。远在异国他乡，他竟还没有忘记中国人的调侃，写道："我在基辅看到过几份《光明日报》，上面有你写的消息。我很自豪地向身边的几位中国进修生说：'我认识她。'接着他们很钦慕地看着我问：'你认识这些大记者？'"我响亮地笑出声，愿远在天边的他能听到我的笑声。

最深切地打动我心的一张，是我的同校师弟晓强君寄来的。贺词也是一首小诗："人生难耐是寂寞/生命总不成熟/在莽莽苍苍的人生旷野里/有一颗渴求真善美的灵魂/那就是你。"只有我一人能够读懂他这首诗，因为前面四句话，都是出自我的散文。且不论这些文章写得好坏，能有人认真地读你的作品，就是你平生最大的快慰。

最宁静的一张，是文友红实君寄来的。是一幅大海、沙滩、阳光图，画面上还树着一柄美丽的遮阳伞。红实君的声音从海面上漂过来："人有时

也许会感到很累，那么，就送你一把伞，一个荫。"呵，心中的风暴立刻风平浪静，有一种轻松，在心头荡漾回环。

　　还有最情深义重、令我热泪盈眶的一张，是我七岁的女儿甜甜自己动手画给我的。在"新年好"三个彩色大字下面，她画了两只黄猫（我俩都极其爱猫），一大一小，小的是她，依偎着大的我。周围有许多颗心，还有金黄色的星星，向天空飞腾着。女儿稚气的贺词是："亲爱的妈妈我爱您！"我把这张贺卡摆在我书柜最显眼的地方，向人骄傲地炫耀我的女儿。女儿也是我的朋友，我最亲密的朋友。自从有了这位可爱的小朋友，我的生活焕然一新。

　　还有……

二

　　你们看，我的贺卡何其多何其美何其灿烂何其亲情！

　　一颗心儿，依傍在这么多颗情意绵绵的心上面，人生还有什么不满足？

　　我捧着这些沉甸甸的贺卡，骄傲地对自己说："你有着这么多朋友！单为他们的友情而活着，你就能活得无比带劲。"

　　是呀，每当感念着朋友们的祝福，每当面对着朋友们的眼睛，我就鞭策自己一定要活得更带劲更好，不要辜负了他们的殷殷深情。

　　反过来，当我为朋友们活着的时候，我也活得最充实最带劲。

　　生命中最愉快的时候，就是帮助了朋友的时候。人人都会陷入泥淖，再坚强自立的人也有朝你伸手的时候。这时候你千万要拉他一把，也许从此就扭转了他的一生。

　　那一年，在经历了一场撼天动地的感情风暴之后，我的朋友 J 君、G 君凄凄戚戚，元气大伤，悲悯于命运的捉弄，再也提不起精神写作。我左一个电话，右一封雁书，殷切地问候，温情地抚慰，耐心地劝导，催命地逼迫，硬逼着他们重新拿起笔。终于有一天早上，J 君来了电话，她刚刚完成大病愈后的第一篇作品。后来 G 君也来了信，他投入到一部书稿的编撰之中。他们衷心地感谢我，我呢，也感到极度的快乐。

朋友就是这样，互相支撑着朝前走，手挽着手，心牵着心。这是我们每个人生活的必要因素，若缺了，世界也就残缺；若圆了，世界就可以补足。

三

寻找朋友并不难。朋友是个广义的概念，把心放开去，大千世界上，芸芸众生中，何处没有声息相通的朋友？

每个春夏秋冬，每个风里雨里，每当我骑车驶过东单大街的交通岗亭，都忍不住想对身边那位交警同志，道上一声亲情。

每个风里雨里，每个春夏秋冬，每当我从家门口的商店满载而归，也忍不住想对小小柜台里的售货员，道上一声亲情。

永生不忘20年前，我们几个文友在西单新风饭庄，吃了一顿家常饺子。服务员是一位六旬老人，瘦嶙嶙的，有些孱弱。他没有夸张的举止，话很少，音量也低。可他像父亲一样真情，像母亲一样关切，像姐姐一样周到。三几两饺子，实在是太普通的食客，但他真诚地把我们奉为上宾。那么平常的一顿饭，成为我终生饮之不竭的甘泉，后来在多少次接人待物中，我都学着那位老师傅的样子，把真诚与善良，留在人们心间。

人的一生，最大的价值实现是什么？不是金山，不是银海，不是翡翠的森林玛瑙的湖泊，而就是这种长久地生长在别人之间的你的真、善与美。

四

我小心地把心收了回来。

轻轻地推倒眼前的"喜马拉雅山"，一张一张地摊开，铺成一座大花园。五彩缤纷的贺卡竞相怒放，阵阵芳香扑面而来，沁入我的心田，令我觉出世界的美丽。

按着年头、月份、日期，一张一张地编上号，我又把它们缀成一条彩虹，萦绕在我的空间、我的宇宙、我的银河系中。它们"哗哗啦啦"一齐歌唱起来：

"亲爱的小蕙……"

　　我鼻子发酸,扑在它们身上。揽着它们犹如拥抱着朋友们,我暗暗发誓:我将终生珍藏它们,有我在就有它们在。哪怕"文革"劫难再来,比前一次还凶狂,凶狂一千倍,这一回我也绝不再放弃,宁愿以死相搏!

　　人的生命要靠友谊来激活。而激活生命的友谊,也同样要用生命来换取!

　　对了,我的贺卡一共有240张了,我把它们登记造册,刻进生命的永恒。然后,在扉页上恭恭敬敬地写上五个大字:

　　朋友谢谢你!

第三辑
一片冰心在玉壶

　　我们都渴望得到感情的交流，所以都想结交知心的朋友。当知心朋友发展到一定的阶段，就有灵犀的感应。心灵的天平永远准确无误，面对朋友应是知无不言，言无不尽。这一切皆是心灵的交汇，汇成绚丽的图画——无论时光怎样流逝都不会褪色。

　　真诚是友谊的空气，离开这样生长的环境，友谊只会衰竭而死。朋友的基本含义包含了"交心"，只有真心付出，才能交到知心朋友。

谈 交 友

□朱光潜

朱光潜(1897~1986) 安徽桐城人。现代著名美学家。60年代,他强调马克思主义的实践观点,认为客观世界和主观能动性统一于实践。主要著作有《谈美》、《西方美学史》等,译著有黑格尔《美学》、柏拉图《文艺对话录》等。

　　人生的快乐有一大半要建筑在人与人的关系上面。只要人与人的关系处理得好,生活没有不快乐的。许多人感觉生活苦恼,原因大半在没有把人与人的关系调处适宜。这人与人的关系在我国向称为"人伦"。在人伦中先儒指出五个最重要的,就是君臣、父子、夫妇、兄弟、朋友。这五伦之中,父子、夫妇、兄弟起于家庭,君臣和朋友起于国家社会。先儒谈伦理修养,大半在五伦上做工夫,以为五伦上面如无亏缺,个个修养固然到了极境,家庭和国家社会也就自然稳固了。五伦之中,朋友一伦的地位很特别,它不像其他四伦都有法律的基础,它起于自由的结合,没有法律的力量维持它或是限定它,它的唯一的基础是友爱与信义。但是它的重要性并不因此减少。如果我们把人与人中间的好感称为友谊,则无论是君臣、父子、夫妇或是兄弟之中,都绝对不能没有友谊。就字源说,在中西文里"友"字都有"爱"的意义。无爱不成友,无爱也不成君臣、父子、夫妇或兄弟。换句话说,无论哪一伦,都非有朋友的要素不可,朋友是一切人伦的基础。懂得处友,就懂得处人;懂得处人,就懂得做人。一个人在处友方面如果有亏缺,谁要是选择吝啬鬼做朋友，或信赖自私和怯懦者的虚假友谊，谁就有被误解的可能。

——[英]布朗

他的生活不但不能是快乐的，而且也绝不能是善的。

谁都知道，有真正的好朋友是人生一件乐事。人是社会的动物，生来就有同情心，生来也就需要同情心。读一篇好诗文，看一片好风景，没有一个人在身旁可以告诉他说："这真好呀！"心里就觉得美中有不足。遇到一件大喜事，没有人和你同喜，你的欢喜就要减少七八分；遇到一件大灾难，没有人和你同悲，你的悲痛就增加七八分；孤零零的一个人不能唱歌，不能说笑话，不能打球，不能跳舞，不能闹架拌嘴，总之，什么开心的事也不能做。世界最酷毒的刑罚要算幽禁和充军，逼得你和你常接近的人们分开，让你尝无亲无友那种孤寂的风味。人必须接近人，你如果不信，请你闭关独居十天半个月，再走到十字街头在人丛中挤一挤，你心里会感到说不出来的快慰，仿佛过了一次大瘾，虽然街上那些行人在平时没有一个让你瞧得上眼。人是一种怪物，自己是一个人，却要显得瞧不起人，要孤高自赏，要闭门谢客，要把心里所想的看成神妙不可言说，"不可与俗人道"，其实潜意识里面唯恐人不注意自己，不知道自己，不赞赏自己。世间最喜欢守秘密的人往往也是最不能守秘密的人。他们对你说："我告诉你，你却不要告诉人。"他不能不告诉你，却忘记你也不能不告诉人。这所谓"不能"实在出于天性中一种极大的压迫力。人需要朋友，如同人需要泄露秘密，都由于天性中一种压迫力在驱遣。它是一种精神上的饥渴，不满足就可以威胁到生命的健全。

谁都知道，朋友对于性格形成的影响非常重大。一个人的好坏，朋友熏染的力量要居大半。既看重一个人把他当做真心朋友，他就变成一种受崇拜的英雄，他的一言一笑，一举一动都在有意无意之间变成自己的模范，他的性格就逐渐有几分变成自己的性格。同时，他也变成自己的裁判者，自己的一言一笑，一举一动，都要顾到他的赞许或非难。一个人可以蔑视一切人的毁誉，却不能不求见谅于知己。每个人身旁有一个"圈子"，这圈子就是他所常亲近的人围成的，他跳来跳去，常跳不出这圈子。在某一种圈子就成为某一种人。圣贤有道，盗亦有。隔着圈子相视，尧可非桀，桀亦可非尧。究竟谁是谁非，责任往往不在个人而在他所在的圈子。古人说："与善人交，如入芝兰之室，久而不闻其香；与恶人交，如入鲍鱼之肆，久而不闻其臭。"久闻之后，香可以变成寻常，臭也可以变成寻常，习而安之，就不觉其为香为臭。一个人应该谨慎择友，择他所在的圈子，道理就在此。人是善于模仿的，模仿品的好坏，全看模型的好坏。有如素丝，染于青则青，

染于黄则黄。"告诉我谁是你的朋友,我就知道你是怎样的一种人。"这句西谚确是经验之谈。《学记》论教育,一则曰"七年视论学取友",再则曰:"相观而善之谓摩"。从孔孟以来,中国士林向奉尊师敬友为立身治学的要道。这都是深有见于朋友的影响重大。师弟向不列于五伦,实包括于朋友一伦里面,师与友是不能分开的。

许叔重说文解字谓"同志为友"。就大体说,交友的原则是"同声相应,同气相求"。但是绝对相同在理论与事实都是不可能。"人心不同,各如其面"。这不同亦正有它的作用。朋友的乐趣在相同中容易见出;朋友的益处却往往在相异处才能得到。古人常拿"如切如磋,如琢如磨"来譬喻朋友的交互影响。这譬喻实在是很恰当。玉石有瑕疵棱角,用一种器具来切磋琢磨,它才能圆融光润,才能"成器"。人的性格也难免有瑕疵棱角,如私心、成见、骄矜、暴躁、愚昧、顽恶之要多受切磋琢磨,才能洗刷净尽,达到玉润珠圆的境界。朋友便是切磋琢磨的利器,与自己愈不同,摩擦愈多,切磋琢磨的影响也就愈大。这影响在思想方面最容易见出。一个人多和异己的朋友讨论,会逐渐发现自己的学说不圆满处,对方的学说有可取处,逼得不得不作进一层的思考,这样地对于学问才能鞭辟入里。在朋友互相切磋中,一方面被"磨",一方面也在受滋养。一个人被"磨"的方面愈多,吸收外来的滋养也就愈丰富。孔子论益友,所以特重视直谅多闻。一个不能有诤友的人永远是愚而好自用,在道德学问上都不会有很大的成就。

好朋友在我国语文里向来叫做"知心"或"知己"。"知交"也是一个习惯的名词。这个语言的习惯颇含有深长的意味。从心理观点看,求见知于人是一种社会本能,有这本能,人与人才可以免除隔阂,打成一片,社会才能成立。它是社会生命所借以维持的,犹如食色本能是个人与种族生命所借以维持的,所以它与食色本能同样强烈。古人尝以一死报知己,钟子期死后,伯牙不复鼓琴。这种行为在一般人看似近于过激,其实是由于极强烈的社会本能在驱遣。其次,从伦理哲学观点看,知人是处人的基础,而知人却极不易,因为深刻的了解必基于深刻的同情。深刻的同情只在真挚的朋友中才常发现。对于一个人有深交,你才能真正知道他。了解与同情是互为因果的。你对于一个人愈同情,就愈能了解他;你愈了解他,也应就愈同情他。法国人有一句成语说:"了解一切,就是宽容一切。"这句话说来似乎很容易，却是人生的最高智慧，需要极伟大的胸襟才能做到。古今有这种胸襟的只有几个大宗教家，像释迦牟尼和耶稣，有这种胸襟才能谈到大慈大悲；没有它，任何宗教都没有灵魂。修养这种胸怀的捷径是多与人做真正的好朋友，多与人推心置腹，从对于一部分人得到深刻的了解，做到对于一般人类产生深厚的同情。从这方面看，交友的范围宜稍宽泛，各种人都有最好，不必限于自己同行同趣味的。蒙田在他的论文里提出一个很奇怪的主张，以为一个人只能有一个真正的朋友，我对这主张很怀疑。

交友是一件寻常事，人人都有朋友；交友却也不是一件易事，很少人有真正的朋友。势力之交固容易破裂，就是道义之交也有时不免闹意气之争。王安石与司马光、苏轼、程颢诸人在政治和学术上的倾轧便是好例。他们个个都是好人，彼此互有相当的友谊，而结果闹成和市俗人一般的翻云覆雨。交友之难，从此可见。从前，人谈交友的话说得很多。例如"朋友有信"，"久而敬之"，"君子之交淡如水"，视朋友须如自己，要急难相助，须知护友之短，像孔子不假盖于悭吝的朋友；要劝善规过，但"不可则止，勿自辱焉"。这些话都是说起来颇容易，做起来颇难。许多人都懂得这些道理，但是很少人真正会和人做朋友。

孔子尝劝人"无友不如己者"，这话使我很彷徨不安。你不如我，我不和你做朋友；要我和你做朋友，就要你胜似我，这样我才能得益。但是这算盘我会打你也就会打，如果你也这么说，你我之间不就没有做朋友的可能么？柏拉图写过一篇谈友谊的对话，另有一番奇妙议论。依他看，善人无须有朋友，恶人不能有朋友，善恶混杂的人才或许需要善人为友来消除他的恶，恶去了，友的需要也就随之消灭。这话显然与孔子的话有些牴牾。谁是谁非，我至今不能断定，但是我因此想到朋友之中，人我的比较是一个重要问题，而这问题又与善恶问题密切相关。我从前研究美学上的欣赏与创造问题，得到一个和常识不相同的结论，就是：欣赏与创造根本难分，每人所欣赏的世界就是每人所创造的世界，就是他自己的情趣和性格的返照；你在世界中能"取"多少，就看你在你的性灵中能提出多少"与"它，物我之中有一种生命的交流，深入所见于物者深，浅入所见于物者浅。现在我思索这比较实际的交友问题，觉得它与欣赏艺术自然的道理颇可暗合默契。你自己是什么样的人，就会得到什么样的朋友。人类心灵常交感同流。你拿一分真心待人，人也就会拿一分真心待你，你所"取"如何，就看你所

"与"如何。"爱人者人恒爱之,敬人者人恒敬之"。人不爱你敬你,就显得你自己亏缺,你不必责人,先须返求诸己。不但在情感方面如此,在性格方面也都是如此,友心同心,所谓"同心"是指性灵同在一个水准上。如果你我在性灵上有高低,我高就须感化你,把你提高到同样水准;你高也是如此,否则友谊就难成立。朋友往往是测量自己的一种最精确的尺度,你自己如果不是一个好朋友,就绝不能希望得到一个好朋友。要是好朋友,自己须先是一个好人。我很相信柏拉图的"恶人不能有朋友"的那一句话。恶人可以做好朋友时,他在他方面尽管是坏,在能为好朋友一点上就可证明他还有人性,还不是一个绝对的恶人。说来说去,"同声相应,同气相求"那句老话还是真的,何以交友的道理在此,如何交友的方法也在此。交友和一般行为一样,我们应该常牢记在心的是"责己宜严,责人宜宽"。

关 于 友 情

□[日]池田大作

池田大作 1928 年生。日本创价学会名誉会长,国际创价学会会长。著名的佛教思想家、哲学家、教育家、社会活动家、作家、桂冠诗人、摄影家,世界文化名人,国际人道主义者。1983 年获联合国和平奖;1999 年获爱因斯坦和平奖;曾在中国获得中日文化交流贡献奖。

撇开友情,无法谈青春,因为友情是点缀青春的最美丽的花朵。

每个涉世未深的人都必须懂得：衡量朋友的真正标准是行为而不是言语，那些表面上说尽好话的人实际上离这个标准正远着呢。

——[美]华盛顿

回顾青春时代，对恋爱的回忆往往是苦多于甜，而对友情的回忆，总会唤起清爽的怀旧之情。

人的一生，伴随其成长阶段，结识各种各样的友人。刚开始懂事时候的小伙伴，小学时的学友，青年时代的挚友，走向社会之后的同事、棋友、酒友，到了老年则有茶友，等等。

无论哪一种，所谓朋友，都应该是没有利害、不要卑鄙手腕、纯粹的人与人之间真诚结交的关系。当然，其间有互相理解的深浅和对友情所持态度的强弱的差异。

少年时代在彼此理解上还不太成熟。成人以后的互相交往，权宜色彩浓厚起来，就是说，视可利用的程度而区别对待。能够以整个人格互相信赖，也许是彼此过于认识了"人"的缘故。

青春时代的友情，从某种意义上说，是恋爱的序曲。自己以人格相许，也期望得到对方整个人格的信赖。这是明白了人的尊严之后的宝贵一步。尽管这一步很短暂，其经验却影响一生。没有体验过真正的友情的人，作为人是残废的——我想这么说也绝不过分的吧。

以信赖感和期待信赖的心愿结成的朋友，互为镜子。能够逐渐有意识地审视"自我"的正是青春期。交朋友、相信朋友的同时，自己也尽力去报答朋友的信赖，这大概就是向自己的变革挑战，是最初的体验。

幼年时，他周围的亲属和教师尽管有时会申斥他，却是他可以倾吐心里话的人。在他心里，还没有"自我"的清晰影像。

到了青春期，"自我"才作为影像出现在自己的面前，从而进入了把同样处于人格形成中的友人作为一面镜子的意识阶段。

不言而喻，文明社会里人际关系占着生活环境的大部分。对人们交织在一起的复杂而微妙的关系，能理解到何种程度？怎么处理？这里包含着人生的智慧。

朋友是不为装潢门面或欲望支配的野心所能玷污的、纯洁无瑕的、最像人的样子的关系。活着的人应有的相互理解，是人生遇到的所有人际关系的不可缺少的基础。

将来成为社会上的人，与公司前辈、后辈、竞争对手等交往，表面上看千差万别，但只要有人的理解为根基，就能受益匪浅。

第三辑 一片冰心在玉壶

现代社会,人们之间越来越难于相互理解、相互尊重。这是所谓技术优先、组织优先的现代文明的基本状况必然导致的结果。而另一方面,也是因为在人格形成的重要阶段上缺少友情的缘故。

在激烈的考试竞争中,青春阶段在"教育妈妈"和学校老师管束下,必须拼命学习,得不到真正交朋友的充裕时间。在竞争的人生当中,本应该是最好的朋友的人,也只能成为可恨的敌手。激烈至极的大学考试在15岁至17岁之间,便深深扎下了问题的根子。

人与人之间保持温暖的心与心的互相接触是如何重要,这一点,他们在成长过程中还未来得及体验到。也可以说,在大学纠纷中,学生们对教授和社会的态度,的确像人们谴责的那样,是以幼稚的任性为基调的。不过,把这个责任推给他们就未免太苛刻了。因为把他们扭曲成只能如此思想和行动的人们,不是别的,正是现代社会,是大人们。不这样深刻地反省,就不能彻底解决问题,未来的完全建设也定会落空。

通过友情的交流,青年才懂得世上不允许任性。无视这个道理,自己在社会中的正当位置,将会被剥夺,没有立足之地,在自然的意志中等待着他的只能是严厉的惩罚。

为朋友的不幸而哭泣,为朋友的喜悦而欢欣,这种生命的共鸣,意味着向社会敞开的人格正在真正形成。恐怕再没有比这更重要的人生一课了。我想,如果认真地考虑自己孩子的教育,就决不要忘记让他们交朋友,珍惜友情。

不言而喻,青年主动求友,结交好友,同时向友人学习,并正确地启发友人,具有不可估量的价值。应精心培育青春时代的友情,将其贯穿一生。但也要知道,友情是善恶共存的。恶友易得,良友难寻。真正的良友会时常严厉地指出你的缺点和错误,而虚情假意靠近你的,反倒是毁人终身的恶友。

人的弱点往往是对指出自己缺点的人敬而远之。其实,缺点使你吞下的现实恶果要痛苦几十倍。友人和前辈为不使你失败而指出的忠告,该是多么难得啊!

结交良友吧!

结交好的前辈吧!

毫不夸张地说，这是人生最大的幸运，是值得自豪的财富。而且，在人性正惨遭种种难以逆转的力量摧残的现代社会里，友情这一人际关系甚至可以说是保护人性的唯一堡垒。

友情：这棵树上只有一个果子，叫做信任

□毕淑敏

毕淑敏　女，1952年生于新疆，祖籍山东。当代著名作家。曾在西藏当兵11年。从事医学工作20年后，开始专业创作。主要作品有长篇小说《红处方》、《血玲珑》、《拯救乳房》、《女心理师》等。曾获《小说月报》第4、5、6届百花奖及当代文学奖，昆仑文学奖，台湾第16届中国时报文学奖等各种文学奖项30余次。

现代人的友谊，很坚固又很脆弱。它是人间的宝藏，需我们珍爱。友谊的不可传递性，决定了它是一部孤本的书。我们可以和不同的人有不同的友谊，但我们不会和同一个人有不同的友谊。友谊是一条越掘越深的巷道，没有回头路可以走，刻骨铭心的友谊也如仇恨一样，没齿难忘。

友情这棵树上只结一个果子，叫做信任。红苹果只留给灌溉果树的人品尝。别的人摘下来尝一口，很可能酸倒了牙。

友谊之链不可继承，不可转让，不可贴上封条保存起来而不腐烂，不

可冷冻在冰箱里永远新鲜。

友谊需要滋养。有的人用钱,有的人用汗,还有的人用血。友谊是很贪婪的,绝不会满足于餐风饮露。友谊是最简朴同时也是最奢侈的营养,需要用时间去灌溉。友谊必须述说,友谊必须倾听,友谊必须交谈的时刻双目凝视,友谊必须倾听的时分全神贯注。友谊有的时候是那样脆弱,一句不经意的言词,就会使大厦顷刻倒塌。友谊有的时候是那样容易变质,一个未经证实的传言,就会让整盆牛奶变酸。这个世界日新月异。在什么都是越现代越好的年代里,唯有友谊,人们保持着古老的准则。朋友就像文物,越老越珍贵。

礼物分两种,一种是实用的,一种是象征性的。

我喜欢送实用的礼物。

不单是因为它可为朋友提供立等可取的服务功能,更因为我的利己考虑。

此刻我们是朋友,10年以后不一定是朋友。

就算你耿耿忠心,对方也许早已淡忘。

速朽的礼物,既表达了我此时此刻的善意,又给予朋友可果腹可悦目可哈哈一笑或是凝神端详的价值,虽是一次性的,也留下美好的瞬间,我心足矣。象征久远意义的礼物,若是人家不珍惜这份友谊了,留着就是尴尬。或丢或毁,都是物件的悲哀,我的心在远处也会颤抖。

若是给自己的礼物,还是具有象征意义的好。比如一块石子、一片树叶,在别人眼里那样普通,其中的美妙含义只有自己知晓。

电话簿是一个储存朋友的魔盒,假如我遇到困难,就要向他们发出求救信号。一种畏惧孤独的潜意识,像冬眠的虫子蛰伏在心灵的旮旯。人生一世,消失的是岁月,收获的是朋友。虽然我有时会几天不同任何朋友联络,但我知道自己牢牢地黏附于友谊网络之中。

利害关系这件事,实在是交友的大敌。我不相信有永久的利益,我更珍视患难与共的友谊。长留史册的,不是锱铢必较的利益,而是肝胆相照的情分。和朋友坦诚地交往,会使我们留存着对真情的敏感,会使我们的眼睛抹去云翳,心境重新开朗。

我曾试图用物质上的东西去结朋交友，可到头来结交的尽是些恶人；当我用精神上的赠品、友善的争辩和火一般炽热的思想与人相处时，我终于为自己赢得了知音。

——[英]布莱克

谈 谈 友 情

□（台湾）罗 兰

罗兰 女，本名靳佩芬，1919 年生于河北宁河，后移居台湾。知名作家。曾任音乐教员、广播电台编辑、节目制作主持人、专栏作家。已出版作品 30 余种，包括《罗兰小语》、《罗兰散文》、《飘雪的春天》、《绿色小屋》，散文体自传《岁月流沙》三部曲等，读者遍及海内外。

俗话说："在家靠父母，出外靠朋友。"在我的半生中，得朋友的益处最多。不但生活中大大小小的事情要靠朋友的帮忙，就连在自己心情不好，或有困难想不通的时候，也都要靠朋友一番知己的劝导来指引一下迷津。

我是一个爱朋友的人，往往我认为到美容院做头发或逛委托店买东西都是在浪费时间；可是和朋友聊天一聊就是好几小时，我倒觉得这好几小时很有收获。因为我和朋友聊天之中可以懂得许多自己生活圈子之外的事，而且，我们总是越谈越互相了解，距离就越近。

要交到真正互相了解的朋友并不是一件容易的事，因为你们不但在刚认识的时候要先去慢慢地试探你们是否可以成为朋友，并且用真正的自己去和对方交换他的真诚；而且，你们还必须在交往的过程中小心那些意外发生的误会。往往一对朋友来往了一个时期，本来都很顺利，却忽然有

一天,不知从哪里来了一件使你们彼此猜疑的事,于是,一开始赌气或不信任,以下的误会就一个跟着一个地来了。

过去,我曾经认识过一位朋友。认识的时候本来很偶然,可是一见之下,彼此都发现对方很值得来往,于是我们就常常见面。后来她到别处去做事,我们就用通信来维持联系,并且希望由信中去多使对方了解一下自己。

本来,这样也是很好的,可没想到有一次,忽然她不给我来信了,等来等去没有消息。我心里觉得奇怪,于是就反省一下自己是否有什么地方得罪她了。

天下事有很多都是这样的,所谓疑心生暗鬼,反省的结果,我真的以为是自己在信中有一句什么话使她恼了,觉得十分后悔。本来想马上写信去向她解释一下,可是,不知怎样,自己又想,为那么一句无意中的话,她也要生气不理我,那也未免太小气了!而且又怕如果她不是为这个生气,而只是不想理我了呢?那么去胡乱解释一番,岂不更是笑话?于是,就矜持着也不写信去了。

这样一直拖了一年。

忽然有一天,我收到她一封简短的信,问我为什么总不给她写信了?是不是她在某一次的信中某一句话得罪了我?这我才恍然明白原来她没有收到我那封信,赶快回信去告诉她,我在这一年中疑神疑鬼的心情。她也跟着写了一封信来,告诉我,她也刚好和我一样的疑心,结果两人在信中哈哈大笑了一阵,恢复了友谊。并且从此两人约定:

一、不要再胡乱猜疑。

二、如果信中有哪一句话说得不小心,请千万相信那不是故意的。

三、不许那么计较,一封信一定要换一封信。假如信寄去了,没有回音,那你就应该想到——可能是信寄丢了,可能她病了,搬家了,可能她忙等等。不妨再寄一封信去问问。自己闷在心里胡思乱想,准会把简单的事情想成复杂,把本来没有的事情想成真有其事。最后,就会失去一个难得的朋友。

我想这几条约定也一样适用于所有的朋友之间,尤其是女人和女人之间。因为女人比较容易计较事情的细节,不肯放弃矜持。其次是男女朋友之间，因为两性之间的感情比较复杂，可猜疑的地方也更多，矜持起来也比同性的朋友更加矜持。这都会造成很可惜的后果。

朋友之间最要紧的是彼此相信。有相信才会产生原谅。

虽然说，要达到彼此相信的程度需要时间，但是，在开始交往的时候，如不能祛除猜疑和矜持的心理，就不会建立起以后真正彼此信赖的基础。

因此"坦诚"两个字是友谊的必要条件。

先用坦诚建立互信的基础，有了这项基础，彼此才能原谅对方的无心之过，原谅对方的缺点，并进一步能原谅对方偶尔对自己的误解；这才能长久维持朋友的感情，使它不变。

世间本没有十全十美的人，也没有永远不犯错误的人。而只有在朋友之间，这缺点和错失才可以得到了解和原谅。

西哲说："那能爱你的长处，了解你的缺点，并且随时准备原谅你的错处的人，就是朋友。"这种友情得来不易，有了这样的友情，我们该好好去珍爱它，维护它，千万不要随便糟蹋了它。

第三辑　一片冰心在玉壶

交友之道

□[美]艾森豪威尔　　李志刚/译

艾森豪威尔(1890~1969)　美国五星上将,美国前总统。出生在美国堪萨斯州,1915年毕业于美国西点军校。先后任职陆军总长、哥伦比亚大学校长、总统等职。主要著作有《远征欧陆》、《白宫岁月》和《艾森豪威尔的战争经历》等。

经过康纳将军的精心安排设计,我终于接到由副官署签发的指令,我被送进了参谋本部学院学习,学院就设在黎文沃思堡。1925年8月我正式到黎文沃思堡报到。

康纳将军帮助我实现了自己的心愿。我可能要平步青云了!

旁观者看来,我的好运气并不是自己努力而来,不过是我有幸结识了一位有权势的人物罢了。不错,这点本身就是一种机遇。若不是我能幸遇福克斯·康纳,我的军事生涯将会迥然不同。正因为我与康纳将军建立了真挚的友谊,我才能来到黎文沃思,才能在事业上步入坦途,才能为今后的自我奋斗规定好方向和起跑线。在此,我想就交友之道向年轻人提出几句忠告:

我认为择友即求师,交友就是要交那些远见卓识、精明强干、头脑敏捷,具有雄才大略的人。你只管大胆地接近他们,不要怕别人讥讽你趋炎附势、轻狂自傲,你会从这样的良师益友那里得到教诲、启迪和帮助,甚至可以得到直接提拔。当然,你自己对朋友也要肝胆相照,亲密无间。

选择朋友如同挑甜瓜。要我告诉你为什么？因为要找出一个熟的，你必须挑上一百个。

——[法]梅里美

交友之道

□ 斯 妤

斯妤(yú) 女，当代作家。代表作有散文集《两种生活》、《斯妤散文精选》，小说《出售哈欠的女人》、《竖琴的影子》和《斯妤文集》四卷等。曾获"鲁迅文学奖"、"庄重文文学奖"和"当代女性文学创作奖"。

我这个人很没出息。明明催人清醒、教人透彻的当代哲学、当代文学读了一箩筐，也渐渐地对人心的狭窄、人性的复杂有所了解，甚至曾经交友不慎，"引狼入室"，并为此吃足苦头，却仍然不能够明智，不能够强大到不奢望友情，不依恋友情，就像明知现实冷峻严酷，却仍不由得要做梦，不由得要向往理想完满的生活一样。有时候我想，这种对温情的渴望在我大概是一种痼疾，冷峻的事实有时能够将它治愈，有时却又成为它的诱因。

舒婷曾经说她喜欢的朋友有两类，一类温厚善良，一类潇洒亮丽。她把我归入前一类，因此她始终待我友善，常常"齿下留情"（她的伶牙俐齿、妙语连珠久负盛名、人所共知，其实她是嘴巴厉害，心里宽厚）。我呢，回想起来，我喜欢的朋友好像只有一种，那就是有才能有思想，同时为人坦荡、大度大气的。

的确，无论男女，我都不喜欢那种弯弯绕、尖尖细、浑身上下都是心眼儿的人。我相信这样的人必定聪明，必定有才能，但我对他们的欣赏只到

63

此为止，我绝不敢和他们做朋友。倒不是怕被他们算计了去，俗话所谓被人卖了还帮人数钱。不是的，我的心存畏惧不是怕吃亏，而是怕受累。因为和这种人在一起，实在太累了。不要说一不留神，即使处处留神，万事小心，你也不定在哪里就惹恼了人家——你这里还浑然不觉、热情满怀呢，人家已经在那里咬牙切齿，恨不得一弹指就看见你化作一股轻烟，从这个地球消失了。

我当然更害怕那种精力旺盛、欲求充沛却又有较大欠缺的人。那种欠缺可能是生理方面的，也可能是才能方面的。我想有欠缺倒不可怕，也不可怜，因为其实人人都有欠缺，即使一国之君也有欠缺——缺少寻常人情，普通人生。可是有欠缺又偏偏在有所欠缺的范围里愿望极多，欲求极强，那就不仅仅使自己痛苦了，同时也使周围的人痛苦。

这时候你去做她的朋友，你不是自投罗网吗？

所以，我现在懂得避开这种人了。这种有病态激情的人你可以远远地寄予同情，给予帮助，但你绝不可走近，否则，可真是玩火自焚了；不仅玩火自焚，甚至灰烬将散未散了，还会扯出一堆不是来。

因此我常常庆幸世上还有一种人。这种人心胸坦荡，待人宽厚。这种人有智慧有才能但从不"文人相轻"。这种人是长辈你尽可拜他为师，是同龄你尽可待他如友，是后生你尽可视他如弟，是同性当然更好——你尽可同她叽叽喳喳、唠唠叨叨，享受女人饶舌的乐趣。

在北京的同性作家中，有两位常常让我心仪。一位坦荡无促狭之心，一位大度有宽厚之德。在我心绪不佳的时候，我常常一再克制（因怕打断朋友的工作），末了总还是会忍不住拨通她们的电话。至于远在故乡的老朋友舒婷呢，我自然乐意和她一起出门。因为和她在一起时，我既可欣赏她的幽默机智，又能享受她的遮挡庇护，不才如我者，何乐而不为？

谈 交 友

□钱钟书

钱钟书(1910~1998)　现当代著名学者、作家。江苏无锡人。他深入研读过中国的史学、哲学、文学经典,同时研究西方新旧文学、哲学、心理学等,著有多部享有盛誉的学术著作,如《谈艺录》、《宋诗选注》、《管锥编》等;散文和小说也很出色,长篇小说《围城》,可谓家喻户晓。

假使恋爱是人生的必需,那么,友谊只能算是一种奢侈;所以,上帝垂怜阿大(Adam 今译为亚当)的孤寂,只为他造了夏娃,并未另造个阿二。我们常把火焰来比喻为恋爱,这个比喻有我们意想不到的贴切。恋爱跟火同样的贪滥,同样的会蔓延,同样的残忍,消灭了坚牢结实的原料,把灰烬去换光明和热烈。像拜伦、像歌德、像缪塞野火似的卷过了人生一世,一个个白色的,栗色的,棕色的情妇的血淋淋红心,白心,黄心(孙行者的神通),都烧炙成死灰,只算供给了燃料。情妇虽然要新的才有趣,朋友还要旧的好。时间对于友谊的磨触,好比水流过石子,反把它洗琢得光洁了。因为友谊不是尖利的需要,所以在好朋友间,极少发生那厌倦的先驱,一种餍足的情绪,像我们吃完最后一道菜,放下刀叉,靠着椅背,准备叫侍者上咖啡时的感觉,这当然不可一概而论,看你有的是什么朋友。

西谚云:"急需或困乏时的朋友才是真正的朋友",不免肤浅。我们有

急需的时候，是最不需要朋友的时候。朋友有钱，我们需要他的钱；朋友有米，我们缺乏的是他的米。那时节，我们也许需要真正的朋友，不过我们真正的需要并非朋友。我们讲交情，揸面子，东借西挪，目的不在朋友本身，只是把友谊作为可利用的工具，顶方便的法门。常是最知情识趣的朋友，在我们穷急时，他的风趣，他的襟抱，他的韵度，我们都无心欣赏了。两袖包着清风，一口咽着清水，而云倾听良友清谈，可忘饥渴，即清高到没人气的名士们，也未必能清苦如此。此话跟刘孝标所谓势交利交的一派牢骚，全不相干。朋友的慷慨或吝啬，肯否排难济困，这是一回事；我们牢不可破的成见，以为我和某人即有朋友之分，我有困难，某人理当扶助，那是另一回事。尽许朋友疏财仗义，他的竟算是我的，在我穷急告贷的时节，总是心存不良，满口亲善，其实别有作用。试看世间有多少友谊，因为有求不遂，起了一层障膜；同样，假使我们平日极瞧不起，最不相与的人，能在此时帮忙救急，反比平日的朋友来得关切，我们感激之余，可以立刻结为新交，好几年积累成的友谊，当场转移对象。在困乏时的友谊，是最不值钱了——不，是最可以用钱来估定价值了！我常感到，自《广绝交论》以下，关于交谊的诗文，都不免对朋友希望太奢，批评太刻，只说做朋友的人的气量小，全不理会我们自己人穷眼孔小，只认得钱类的东西，不认得借未必有，有何必肯的朋友。古尔斯密(Goldsmth)的东方故事《阿三痛史》(*The Tragedy of Asem*)，颇少人知，1877年出版的单行本，有一篇序文，中间说，想创立一种友谊测量表(Philometer)，以朋友肯借给他的钱多少，定友谊的高下。这种沾光揸油的交谊观，甚至雅人如张船山，也未能免除，所以他要怨什么"事能容俗犹嫌傲，交为通财渐不亲"。《广绝交论》只代我们骂了我们的势利朋友，我们还需要一篇《反绝交论》，代朋友来骂他们的势利朋友，就是我们自己；《水浒》里写宋江刺配江州，戴宗向他讨人情银子，宋江道："人情，人情，在人情愿！"真正至理名言，比刘孝标张船山等的见识，高出万倍。说也奇怪，这句有"恕"道的话，偏出诸船火儿张横所谓"不爱交情只爱钱"，打家劫舍的强盗头子，这不免令人摇头叹息了：第一叹来，叹唯有强盗，反比士大夫辈明白道理！然而且慢，还有第二叹，第二叹来，叹明白道理，而不免放火杀人，言行不符，所以为强盗也！

从物质的周济说到精神的补助，我们便想到孔子所谓直谅多闻的益友。这个漂白的功利主义，无非说，对于我们的品性和知识有利益的人，不可不与结交。我的偏见，以为此等交情，也不甚巩固。孔子把直谅的益友跟"便僻善柔"的损友反衬，当然指那些到处碰得见的，心直口快，规过劝善的少年老成人。生就斗蟋蟀般的脾气，一搦一跳，护短非凡，为省事少气恼起见，对于喜闲事的善人们，总尽力维持着尊敬的距离。不过，每到冤家狭路，免不了听教训的关头，最近涵养功深，子路闻过则喜的境界，不是区区夸口，颇能做到。听直谅的"益友"规劝，你万不该良心发现，哭丧着脸，他看见你惶恐觳觫(hú sù)的表情，便觉得你邪不胜正，长了不少气势，带骂带劝，说得你有口难辩，然后几句甜话，拍肩告别，一路上忻然独笑，觉得替天行道，做了无量功德。反过来，你若一脸堆上浓笑，满口承认；他说你骂人，你便说像某某等辈，不但该骂，并且该杀该刮，他说你恶毒，你就说，岂止恶毒，还想下毒，那时候，该他拉长了像烙铁熨过的脸，哭笑不得了。大凡最自负心直口快，喜欢规过劝善的人，像我过去所碰到的基督教的善男信女，同时最受不起别人的规劝。因此你不大看见直谅的人，彼此间会产生什么友谊；大约直心肠颇像几何学里的直线，两条平行了，永远不会接合。照我想来，心直口快，无过于使性子骂人，而这种直谅的"益友"从不骂人，顶反对你骂人。他们找他们认为你的过失，绝不痛痛快快地骂，只是婆婆妈妈地劝告，算是他们的大度包容。骂是一种公道的竞赛，对方有还骂的机会；劝却不然，先用大帽子把你压住，无抵抗地让他攻击，卑怯不亚于打落水狗。他们喜欢规劝你，所以，他们也喜欢你有过失，好比医生要施行他手到病除的仁心仁术，总先希望你害病。这样居心险恶，无怪基督教为善男信女设立天堂。真的，没有比进天堂更妙的刑罚了；设想周围都是无懈可击，无过可规的善人，此等心直口快的"益友"无所施其故技，心痒如有臭虫叮，舌头因不用而起铁锈的苦痛。泰勒(A.E.Tayle)《道学先生的信仰》(*Faith of a Moralist*)书里说，读了但丁《神曲·天堂篇》，有一个印象，觉得天堂里空气沉闷，诸仙列圣只希望下界来个陌生人，谈话消遣。我也常常疑惑，假使天堂好玩，何以但丁不像乡下人上城的东张西望，倒失神落魄，专去注视琵雅德丽史的美丽的眼睛，以致受琵雅德丽史婉妙的数说："回过头去吧！我的眼睛不是唯一的天堂。"天堂并不如史文朋(Swinburne)所说，一个玫瑰花园，充满了浪上人火来的姑娘(A rose garden

full of Stunners），浪上人火来的姑娘，是裸了大腿，跳舞着唱"天堂不是我的分"的。史文朋一生叛教，哪知此中底细？古法文傅奇《乌开山与倪高来情史》（*Aucassin et Nitolette*）说，天堂里全是老和尚跟残废的叫花子；风流武侠的骑士反以地狱为归宿。雷诺（Renan）《自传续编》（*Feuilles detachees*）序文里也说，天堂中大半是虔诚的老婆子（vieilles devotes），无聊得要命；雷诺教士出身，说话当然靠得住。假使爱女人，应当爱及女人的狗，那么，真心结交朋友，应当忘掉朋友的过失。对于人类应负全责的上帝，也只能捏造——捏了泥土创造，并不能改造，使世界上坏人变好；偏是凡夫俗子倒常想改造朋友的品性，真是岂有此理。一切罪过，都是一点儿未凿的天真，一角销毁不尽的个性，一条按压不住的原始的冲动，脱离了人为的规律，归宁到大自然的老家。抽象地想着了罪恶，我们也许会厌恨；但是罪恶具体地在朋友的性格里衬托出来，我们只觉得他的品性产生了一种新的和谐，或者竟说是一种令人怜惜的缺陷，像古磁上一条淡淡的裂缝，奇书里一角缺页，使你心窝里涌出加倍的爱惜。心直口快的劝告，假使出诸美丽的异性朋友，如闻裂帛，如看快刀切菜，当然乐于听受。不过，照我所知，美丽的女郎，中外一例，说话无不打着圈儿挂了弯的；只有身段缺乏曲线的娘们，说话也笔直到底。因此，直谅的"益友"，我是没有的，我也不感到"益友"的需要。无友一身轻，威斯娄（Whistler）的得意语，只算替我说的。

多闻的"益友"，也同样的靠不住。见闻多，记诵广的人，也许可充顾问，未必配做朋友，除非学问以外，他另有引人的魔力。德白落斯（President de Brosses）批评伏尔泰道："别人敬爱他，无非为他作的诗好。确乎他的诗作得不坏。不过，我们只该爱他的诗（Mais ce sont ses vers qu'il faut admirer）"——言外之意，当然是，我们不必爱他的人。我去年听见一句话，更为痛快。一位男朋友怂恿我为他跟一位女朋友撮合，生平未做媒人，好奇地想尝试一次。见到那位女朋友，声明来意，第一项先说那位男朋友学问顶好，正待极合科学方法地数说第二项第三项，那位姑娘轻冷地笑道："假如学问好便该嫁他，大学文科老教授里有的是鳏夫。"这两个例子，对于多闻"益友"也可应用。譬如看书，参考书材料最丰富，用处最大，然而极少有人认它为伴侣的读物。颐德（Andre Cide）《日记》（*Pages de Journal* 1929~1932）有个极妙的测验。他说，关于有许多书，我们应当问：这种书给什么人看(Qui peut les lire)？关于有许多人，我们应该问：这种人能看什么书(Que peuvent-ils lire)？照此说法，多闻的"益友"就是专看参考书的人。多闻的人跟参考书往往同一命运，一经用过，仿佛挤干的柠檬，嚼之无味，弃之不足惜。并且，打开天窗说亮话，世界上没有一个人不在任何方面比我们知道得多，假使个个要攀为朋友，哪里有这许多情感来分配？伦敦东头自告奋勇做向导的顽童，巴黎夜半领游俱乐部的瘪三，对于垢污的神秘，比你的见闻来得广博，若照多闻益友的原则，几个酒钱，还够不上朋友通财之谊。多闻的"多"字，表现出数量的注重。记诵不比学问；大学问家的学问跟他整个的性情陶融为一片，不仅有丰富的数量，还添上个别的性质，每一个琐细的事实，都在他的心血里沉浸滋养，长了神经和脉络，是你所学不会，学不到的。反过来说，一个参考书式的多闻者（章实斋所谓横通），无论记诵如何广博，你总能把他吸收到一干二净。学校里一般教师，授完功课后的精神的储蓄，缩挤得跟所发讲义纸一样的扁薄了！普通师生之间，不常发生友谊，这也是一个原因。根据多闻的原则而产生的友谊，当然随记诵的增减为涨缩，不稳固可想而知。自从人工经济的科学器具发达以来，"多闻"之学似乎也进了一个新阶段。唐李渤问归宗禅师云："芥子何能容须弥山？"师言："学士胸藏万卷书，此心不过如椰子大，万卷书何处着？"记得王荆公《寄蔡天启诗》，袁随园《秋夜杂诗》也有类似的说法。现在的情形可大不相同了。时髦的学者不需要心，只需要几只抽屉，几百张白卡片，分门别类，做成有引必得的"引得"，用不着头脑更去强记。但得抽屉充实，何妨心腹空虚。最初把抽屉来代替头脑，久而久之，习而俱化，头脑也有点儿木木然接近抽屉的质料了。我敢预言，在最近的将来，木头或阿木林等谩骂，会变成学者们最尊敬的称谓，"朴学"一个名词，将发生新鲜的意义。

　　这并不是说，朋友对于你毫无益处；我不过解释，能给你身心利益的人，未必就算朋友。朋友的益处，不能这样据斤播两地讲，真正友谊的形成，并非由于双方有意的拉拢，而是带些偶然，带些不知不觉。在意识层底下，不知何年何月潜伏着一个友谊的种子，咦！看它在心面透出了萌芽。在温暖固密，春夜一般的潜意识中，忽然偷偷地钻进了一个外人，哦！原来就是他！真正友谊的产物，只是一种渗透了你的身心的愉快。没有这种愉快，

随你如何直谅多闻,也不会有友谊。接触着你真正的朋友,感觉到这种愉快,你内心的鄙吝残忍,自然会消失,无须说教似的劝导。你没有听过穷冬深夜壁炉烟囱里呼啸着的风声吗?像把你胸怀间的郁结体贴出来。吹荡到消散,然而不留语言文字的痕迹,不受金石丝竹的束缚。百读不厌的黄山谷《茶词》说得最妙:"恰如灯下故人,万里归来对影;口不能言,心下快活自省。"以交友比吃茶,可谓确当。存心要交"益友"的人,便不像中国古人的品茗,而颇像英国人下午吃的茶了,浓而苦的印度红茶,还要放方糖牛奶,外加面包牛油糕点,甚至香肠肉饼子,干的湿的,热闹得好比水陆道场,胡乱填满肚子完事。在我一知半解的几国语言里,没有比中国古语所谓"素交"更能表出友谊的骨髓。一个"素"字把纯洁的交情的本体,形容尽致。素是一切颜色的基础,同时也是一切颜色的调和,像白日包含着七色。真正的交情,看来像素淡,自有超越死生的厚谊。假使交谊不淡而腻,那就是恋爱或者柏拉图式的友情了。中国古人称夫妇为"腻友",也是体贴入微的隽语,外国文里找不见的。所以,真正的友谊,是比精神或物质的援助更深微的关系。薄伯(Pope)对鲍林白洛克(Bloingbroke)的称谓,极有斟酌,极耐寻味:"哲人,导师,朋友"(Philosopher,Guide,Friend)。我有大学时代五位最敬爱的老师,都像薄伯所说,以哲人导师而更做朋友的;这五位老师以及其他三四位好朋友,全对我有说不尽的恩德;不过,我跟他们的友谊,并非由于说不尽的好处,倒是说不出的要好。孟太尼(Montaigne)解释他跟拉白哀地(La Boetie)生死交情的话,颇可借用:"因为他是他,因为我是我",没有其他的话可说。素交的"素"字已经把这个不着色相的情谊体会出来了;"口不能言"的快活也只可采取无字天书的做法去描写吧。

还有一类朋友,与素交略有不同。这一类朋友人多数是比你年纪稍轻的。说你戏弄他,你偏爱他;说你欺侮他,你却保护他,仿佛约翰生和鲍斯威儿的关系。这一类朋友,像你的一个小小的秘密,是你私有,不大肯公开,只许你对他嬉笑怒骂。素交的快活,近于品茶;这一类狎友给你的愉快,只能比金圣叹批"西厢"所谓隐处生痒,闭户痛搔,不亦快哉!颐罗图(Jean Giraudoux)《少女求夫记》(*Juliette au pays des hommes*)有一节妙文,刻画微妙舒适的癣痒(Un Chatouillement exquis,uneczema,lncomparable,une adorablemenl,d'elicieuse gale)也能传出这个感觉。

择友应当慎之又慎,一旦交上了朋友,就不要轻易抛弃。

——[美]梭 罗

本来我的朋友就不多,这三年来,更少接近的机会,只靠着不痛快的通信。到欧洲后,也有一两个常过往的外国少年,这又算得什么朋友?分手了,回到中国,彼此间隔着"惯于离间的大海"(Estranging seas),就极容易地忘怀了。这个种族的门槛,是跨不过的。在国外的友谊,在国外的恋爱,你想带回家去吗?也许是路程太远了,不方便携带这许多行李;也许是海关太严了,付不起那许多进出口税。英国的冬天,到一二月间才来,去年落不尽的树叶,又簌簌地随风打着小书室的窗子。想一百年前的穆尔(Thomas Moore)定也在同样萧瑟的气候里,感觉到"故友如冬叶,萧萧四稀"的凄凉 (When I remember all the friends so linked togerher, I've seen around me fall like leaves in wintry weather)。对于秋冬肃杀的气息,感觉顶敏锐的中国诗人自卢照邻、高蟾直到沈钦圻、陈嘉淑,早有一般用意的名句。金冬心的"故人笑比庭中树,一日秋风一日疏",更觉染深了冬夜的孤寂。然而,何必替古人们伤感呢!我的朋友个个都好着,过两天是星期一,从中国经西伯利亚来的信,又该到牛津了,包你带来朋友的消息。

第三辑 一片冰心在玉壶

朋友与信

□梁漱溟

梁漱溟(1893~1988) 原名焕鼎,字寿铭,广西桂林人。哲学家、教育家,现代新儒家的早期代表人物之一。代表作有《东西文化及其哲学》、《人心与人生》和《中国——理性之国》。

朋友相信到什么程度,关系的深浅便到什么程度。不做朋友则已,做了朋友,就得彼此负责。交情到什么程度,就负责到什么程度。朋友不长久,是很大的憾事;如同父子之间、兄弟之间、夫妇之间处不好是一样的缺憾。交朋友时,要从彼此心性认识,做到深刻透达的地方才成。若相信的程度不到,不要关系过密切了。

朋友之道,在中国从来是一听到朋友便说"信"字。但普通之所谓信,多半是言而有信的意思,就是要有信用。这样讲法固不错;但照我的经验,我觉得与朋友来往,另有很重要的一点;这一点也是信,但讲法却不同,不是信实的意思;而是说朋友与朋友间要信得及,信得过。所谓知己的朋友,就是彼此信得过的朋友。我了解他的为人,了解他的智慧与情感,了解他的心性与脾气。清楚了这人之后,心里便有把握,知道他到家。朋友之间,要紧的是相知;相知者,彼此都有了解之谓也。片面的关系不是朋友,必须是两面的关系,才能发生好的感情。因为没有好的感情便不能相知。彼此有感情，有了解，才是朋友。既成朋友，则无论在空间上隔多远，在时间上隔多么久，可是我准知道他不致背离；此方可谓之为信。

论 友 谊

□[古罗马]西塞罗

西塞罗（前106~前43）　古罗马政治家、雄辩家、哲学家。著作颇丰，今存演说、哲学作品《论善与恶之定义》、《论神之本性》等和政治论文《论国家》、《论法律》等多篇，及大批书简。他的著作资料丰富，文体通俗、流畅，被誉为拉丁语的典范。

公民们：

我以为，友谊的基础是美德。别人相信你有美德，所以才与你建立友谊。你若放弃了美德，友谊也就不存在了。

所以，我们早已定下了一条保护友谊的准则：不要求他人做不名誉的事。别人求你，你也不要做。为了朋友的缘故而做犯法的事，尤其是背叛国家，那是绝对不名誉的，不容辩解的。所以，请朋友做事，必须以名誉为限。如果确认是名誉的，便应毫不迟疑地去做，并且永远热诚。

我以为那些错把功利当做基础的人，实在是丢掉了友谊的基础。我们愉快，不是由于从朋友那里得到了物质利益，而是由于得到了朋友的爱。如果他们的资助使我们得到了愉快，那是因为其资助是出于真诚的

爱。请问天下有没有哪一个人愿意在无穷的物质财富中享受，而不准他爱一个人，同时也不准一个人爱他？只有暴君肯过这样的生活。没有信仰，没有爱，也没有对人的信任，一切都是猜疑、犹豫、憎恨，这里绝对没有友谊的位置。因为谁能爱一个自己所怕的人呢？谁又能爱一个怕自己的人呢？

哲人恩尼乌斯说："在命运不济时才能找到忠实的朋友。"不可靠的朋友大约有两种：一种是在自己得志、飞黄腾达时，忘了朋友；一种是见朋友有难而弃之不顾，逃之夭夭。所以，在上述两种情形之下，仍能想到朋友，而不使友谊丝毫减色的人，才真正难能可贵，才可以称之为神圣友谊。

"我们爱朋友犹如爱自己"——这样说是不恰当的，因为有许多事我们只是为朋友做，而不为自己做。有时去恳求一个卑鄙的人，有时去冒犯一个不该冒犯的人，这些为自己本不值得去做的事，为了朋友便欣然去做了。有目共睹，在许多情况下，有美德的人宁肯牺牲自身利益，而使朋友得到欢乐。所以，应该说："爱朋友胜过爱自己。"

友谊还应该有一条准则：不要为了自己过分钟情友谊、依恋友谊而妨碍了朋友的大事。凡是舍不得离开朋友而阻止、妨碍朋友去尽他高尚的义务的人，不但无知、怯弱，而且简直就不懂友谊。

美德之所以能创造友谊、保持友谊，是因为美德里有和谐，有坚贞，有忠诚，有无私，有明智，有善，有美，有爱。一个人的美德一旦表现出来，便会光芒四射，并且借助这种光芒，照见别人的美德。美德与美德互相吸引，光芒与光芒交相辉映，结果便燃出友谊的光焰。

先看准了朋友，然后再爱他。不要因为先爱了他，就认做朋友。因为，只有心灵值得爱的人，才是值得去结交的人。

一生中交一个朋友谓之足，交两个朋友谓之多，交三个朋友谓之难得。

——[英]亚当斯

说朋友之道

□ 冯英子

冯英子 江苏昆山人。曾任上海《大公报》记者，《中国晨报》、《中国日报》总编辑等职，建国后，历任《文汇报》总编辑，《新民晚报》副总编辑，上海辞书出版社编审。以写通讯、特写和杂文见长。著有《苏杭散记》、《长江行》、《移山集》、《相照集》等。

　　"朋友"这个名称，在我们这个国家里是古已有之的，古代的"五伦"中间，就有"朋友"这一伦。据后汉的郑玄说："同师曰朋，同志曰友。"看来朋与友之间，还有一点儿区别。不过时移世迁，现在我们讲的朋友，大抵具有更广泛的意义。"我们的朋友遍天下"，已经有些四海之内皆兄弟的味道了。

　　交朋友要讲一个"信"字。《论语》讲到"吾日三省吾身"时，第二条就是"与朋友交而不信乎"，这个信，就是诚实、不欺之解。朋友而称谓诤友，更要求能诚实、不欺，知无不言，言无不直。因为诤者，争也。能够在朋友面前以言相争，争出一个是非，希望朋友少犯错误或不犯错误，始称得上诤友。至于那些吃吃喝喝者是酒肉朋友，胁肩谄(chǎn)笑者是吃豆腐朋友，同诤友就大异其趣了。

　　可是要所有的朋友诚实、不欺，也非易事。因为人的地位不断变化，友谊也常常随之升降。刘邦在泗水做亭长的时候，当然同萧何、樊哙之流很有一点儿友谊，但一旦身登九五，他还是相信叔孙通的办法，要大讲"君臣

第三辑 一片冰心在玉壶

之义"了。陈余、张耳，落魄时患难与共，休戚相关，总算够得上朋友了吧，但后来却变成你死我活的对头冤家。一面信誓旦旦，一面翻脸不认人，"翻手为云覆手雨，当面输心背面笑"，你得意时锦上添花，你倒霉时落井下石，渐渐变成了后来的朋友之道。无怪乎《今古奇观》中描写的那位楚国上大夫俞伯牙先生，老早就有"春风满面皆朋友，欲觅知音难上难"之叹了。有人讲了一句"贫贱之交不可忘"，史家就大书特书，好像从沙子中淘出了黄金一样，也正是这种情况的反映。

我以为倘要真正"信于朋友"，使朋友成为诤友，第一条是大家要有点儿雅量。"闻过则喜"，这样的要求不免太高了一点儿，但闻过则思，不勃然变色，过后算账，这是应当做得到的。尽管朋友们的直言有的偏激，有的片面，是否也想一想他们善良的出发点呢？李逵砍倒了忠义堂前那面"替天行道"的杏黄旗，由于听了不正确的情况，当然是错误的。但原其心迹，他倒是真正维护梁山泊的正义事业的。"梁山泊里无奸佞，忠义堂前有诤臣；留得李逵双斧在，世间直气尚能伸。"

《水浒》作者的这首诗，很有一点儿道理。喜鹊容易讨人欢喜，因为它带来的据说都是喜讯；乌鸦总是使人讨厌，因为它哇哇哇叫得刺耳。其实一个人陶醉于自己的盖世功业之时，听几声乌鸦叫，也可以使头脑保持清醒，不无裨益。倘若查查历史，有些伟大的人物，哪一个不是失败于他踌躇满志、忘乎所以的时候？

当然，一个朋友之能否成为诤友，还有他另外的一面，也就是自己有没有勇气。祸从口出，好像已是我们历史的传统。宋末的蒋捷和清代的顾贞观，他们各写过一阕《贺新郎》，一个劝人"节饮食，慎言语"。一个劝人"辞赋从今须少作"。他们这两位先生，一在南宋亡之后，一在清严酷的文字狱时，噤若寒蝉，自可想见。不过今天倘仍然如此，岂不弄错了时代。我们今天是发扬社会主义民主的时代，要广开言路，人人献策，倘讲朋友之道，那么人人应当以诤友自任，"与朋友交而不信乎"。

一个时代有一个时代的时代精神，我们当然不讲封建道德规范，不讲资本主义那一套，我们应当讲我们的朋友之道。但诚实、不欺这两条，恐怕仍然是重要的，倘然像西门庆身边的应伯爵，《白毛女》中的穆仁智，那不是朋友，当然更谈不上诤友，那不过是篾片和奴才罢了。

第四辑
益者三友

世界上有那么多的人，但不至于拥堵在一两条路上，因为他们人各有道。物以类聚，人以群分，交友也是这样。

朋友有很多种。有的朋友像大地一样无私，毫不保留地对万物施以恩惠，这种友情是不计回报的；有的朋友像大海一样宽广，他们可以帮我们排除烦恼，这种友情是热情而博大的。结交不同类型的朋友，等于打开不同世界的窗户，我们的生活也会因此更加丰富多彩。

交友之道(节选)

□ 于 丹

于丹 女,1965年出生。北京师范大学教授,中国古代文学硕士、影视学博士。2006年在中央电视台《百家讲坛》解读《论语》、《庄子》,深受观众欢迎。著有《于丹〈论语〉心得》、《于丹〈庄子〉心得》、《形象 品牌 竞争力》等。

一个人有什么样的朋友,直接反映着他的为人。

要了解一个人,你只要观察他的社交圈子就够了,从中可以看到他的价值取向。这就是我们经常说的"物以类聚,人以群分"。

人们常说"在家靠父母,出外靠朋友"。朋友在一个人的社会活动中无疑是非常重要的。朋友像一本书,通过他可以打开整个世界。

但是朋友有好坏之分。良朋益友可以给你带来很多帮助,恶朋佞友却会给你带来许多麻烦,甚至引你走上邪路。因此,选择朋友就显得非常重要。

那么,什么样的朋友是好朋友?什么样的朋友是不好的朋友?怎样才能交上好的朋友呢?

《论语》里面给出了答案。

益者三友

孔夫子非常看重一个人在成长过程中朋友的作用。

孔子教育自己的学生要交好的朋友,不要结交不好的朋友。

他说,这个世界上对自己有帮助的有三种好朋友,就是所谓"益者三友",是友直、友谅、友多闻。

第一,友直。直,指的是正直。

这种朋友为人真诚,坦荡,刚正不阿,有一种朗朗人格,没有一丝谄媚之色。他的人格可以影响你的人格。他可以在你怯懦的时候给你勇气,也可以在你犹豫不决的时候给你答案。所以这是一种好朋友。

第二,友谅。《说文解字》说:"谅,信也。"信,就是诚实。

这种朋友为人诚恳,不作伪。与这样的朋友交往,我们内心是妥帖的、安稳的,我们的精神能得到一种净化和升华。

第三,友多闻。这种朋友见闻广博,用今天的话说就是知识面宽。

在孔子生活的先秦时代,不像我们今天有电脑,有网络,有这么发达的资讯,有各种形式的媒体。那个时候的人要想广泛视听怎么办呢?最简单的一个办法就是结交一个广见博闻的好朋友,让他所读的书,让那些间接经验转化成你的直接经验。

当你在一些问题上感到犹豫彷徨,难以决断时,不妨到朋友那里,也许他广博的见闻可以帮助你作出选择。

结交一个多闻的朋友,就像拥有了一本厚厚的百科辞典,我们总能从他的经验里面,得到对自己有益的借鉴。

《论语》中的益者三友,就是正直的朋友、诚实的朋友、广见博识的朋友。

损者三友

孔夫子说,还有三种坏朋友,叫做友便辟、友善柔、友便佞,有这三者"损矣"。这损者三友,是三种什么人呢?

首先是友便辟,这种朋友指的是专门喜欢谄媚逢迎、溜须拍马的人。

我们在生活中经常会碰到这样的人,你的什么话,他都会说"太精彩了";你做的任何事情,他都会说"太棒了"。他从来不会对你说半个"不"字,反而会顺着你的思路、接着你的话茬儿,称赞你,夸奖你。

这种人特别会察言观色，见风使舵，细心体会你的心情，以免违逆了你的心意。

"友便辟"和"友直"正好相反，这种人毫无正直诚实之心，没有是非原则。他们的原则就是让你高兴，以便从中得利。

大家还记得电视剧《铁齿铜牙纪晓岚》里面的大奸臣和珅吗？他对乾隆皇帝百般逢迎，奴颜谄媚，几乎无所不用其极。这就是一个典型的"便辟"之人。

孔夫子说，和这种人交朋友，太有害无益啦！

为什么？和这种人交朋友，你会感到特别舒服、愉快，就像电视剧里乾隆皇帝一样，明知道和珅贪赃枉法，却还是离不开他。

但是，好话听多了，马屁拍得舒心了，头脑就该发昏了，自我就会恶性膨胀，盲目自大，目中无人，失去了基本的自省能力，那离招致灾难也就不远了。

这种朋友，就是心灵的慢性毒药。

第二种叫友善柔。这种人是典型的"两面派"。

他们当着你的面，永远是和颜悦色、满面春风，恭维你，奉承你，就是孔子说的"巧言令色"。但是，在背后呢，会传播谣言，恶意诽谤。

我们经常会听到这样的控诉：我的这个朋友长得那么和善，言语那么温和，行为那么体贴，我把他当做最亲密的朋友，真心地帮助他，还和他掏心窝子地诉说自己内心的秘密。可是，他却背着我，利用我对他的信任，谋取私利，还散布我的谣言，传扬我的隐私，败坏我的人格。当我当面质问他的时候，他又矢口否认，装出一副老好人受委屈的样子。

这种人虚假伪善，与"谅"所指的诚信坦荡正好相反。

他们是真正的小人，是那种心理阴暗的人。

但是，这种人往往会装扮出一副善良面孔。由于他内心有所企图，所以他对人的热情，比那些没有企图的人可能要高好几十倍。所以，你要是一不小心被这种人利用的话，你就给自己套上了枷锁。如果你不付出惨痛的代价，这个朋友是不会放过你的。这是在考验我们自己的眼光，考验我们知人论世的能力。

第三种叫友便佞。便佞，指的就是言过其实、夸夸其谈的人，就是老百姓说的"光会耍嘴皮子"的人。

这种人生就一副伶牙俐齿，没有他不知道的事，没有他不懂得的道理，说起话来，滔滔不绝，气势逼人，不由得人不相信。可实际上呢，除了一张好嘴，别的什么也没有。

这种人又和上面讲的"多闻"有鲜明的区别，就是没有真才实学。便佞之人便是巧舌如簧却腹内空空的人。

孔夫子从来就非常反感花言巧语的人。君子应该少说话，多做事。他最看重的，不是一个人说了什么，而是一个人做了什么。

当然，在现代社会，人们的价值观有了一定的变化，有真才实学的人，如果口才太过于笨拙，不善于表达自己，也会给自己的职业和人生带来一些障碍。

但是，如果只会言语，没有真功夫，那种危害比前者要可怕得多。

《论语》中的损者三友，就是谄媚拍马的朋友，两面派的朋友，还有那些夸夸其谈的朋友。这样的朋友可千万不能交，否则我们将会付出惨重的代价。

第四辑　益者三友

了解你的朋友

□（台湾）余光中

余光中　1928 年生于南京,祖籍福建。台湾诗人与散文家。先后任教于台湾、香港多所大学。著有诗集《舟子的悲歌》、《白玉苦瓜》,散文集《左手的缪思》等各 10 余部,另外还有评论集《掌上雨》等。

一个人命里不见得有太太或丈夫,但绝对不可没有朋友。即使是荒岛上的鲁滨孙,也不免需要一个"星期五"。一个人不能选择父母,但是除了鲁滨逊之外,每个人都可以选择自己的朋友。照说选来的东西,应该符合自己的理想才对,但事实又不尽然。你选别人,别人也选你。被选,是一种荣誉,但不一定是一件乐事。来摁你门铃的人很多,岂能人人都令你"喜出望外"呢？大致说来,摁铃的人可以分为下列四型:

第一型,高级而有趣。这种朋友理想是理想,只是可遇不可求。世界上高级的人很多,有趣的人也很多,又高级又有趣的人却少之又少。高级的人使人尊敬,有趣的人使人喜欢,又高级又有趣的人,使人敬而不畏,亲而不狎,交接愈久,芬芳愈醇。譬如新鲜的水果,不但甘美可口,而且富于营养,可谓一举两得。朋友是自己的镜子。一个人有了这样的朋友,自己的境界也低不到哪里去。东坡先生杖履所至,几曾出现过低级而无趣的俗物呢？

第二型,高级而无趣。这种人大概就是古人所谓的净友,甚至是畏友一个人不应该与被财富毁了的人交朋友。

——[法]居里夫人

了。这种朋友,有的知识丰富,有的人格高超,有的"品学兼优",像个模范生,可惜美中不足,都缺乏那么一点儿幽默感,活泼不起来。你总觉得,他身上有那么一个窍没有打通,因此无法豁然,具备充分的现实感。跟他交谈,既不像打球那样,你来我往,此呼彼应,也不像滚雪球那样,把一个有趣的话题越滚越大。精力过人的一类,只管自己发球,不管你接不接得住。消极的一类则以逸待劳,难得接你一球两球。

无论对手是消极还是积极,总之该你捡球,你不捡球,这场球是别想打下去的。这种畏友的遗憾,在于趣味太窄,所以跟你的"接触面"广不起来。天下之大,他从城南到城北来找你的目的,只在讨论"死亡在法国现代小说中的特殊意义"。为这种畏友捡一晚上的球,疲劳是可以想见的。这样的友谊有点儿像吃药,太苦了一点儿。

第三型,低级而有趣。这种朋友极富娱乐价值,说笑话,他最黄;说故事,他最像;消息,他最灵通;关系,他最广阔;好去处,他都去过;坏主意,他都打过。世界上任何话题他都接得下去,至于怎么接法,就不用你操心了。他的全部学问,就在不让外行人听出他没学问。至于内行人,世界上有多少内行人呢?所以他的马脚在许多客厅和餐厅里跑来跑去,并不怎么露眼。这种人最会说话,餐桌上有了他,一定宾主尽欢,大家喝进去的美酒还不如听进去的美言那么"沁人心脾"。会议上有了他,再空洞的会议也会显得主题正确,内容充沛,没有白开。如果说,第二型的朋友拥有世界上全部的学问,独缺常识,那么这一型的朋友则恰恰相反,拥有世界上全部的常识,独缺学问。照说低级的人有趣味,岂非低级趣味,你竟能与他同乐,岂非也有低级趣味之嫌?不过人性是广阔的,谁能保证自己毫无此种不良的成分呢?如果要你做鲁滨孙,你会选第三型还是第二型的朋友做"星期五"呢?

第四型,低级而无趣。这种朋友,跟第一型的朋友一样少,或者几率相当之低。这种人当然自有一套价值标准,非但不会承认自己低级而无趣,恐怕还自以为又高级又有趣呢?否则,余不欲与之同乐矣。

交友之情

□易中天

易中天 1947年出生,湖南长沙人。现任厦门大学人文学院教授,长期从事文学、美学、历史学等多学科研究,著有《〈文心雕龙〉美学思想论稿》、《艺术人类学》等著作,近年出版了《闲话中国人》、《中国的男人和女人》、《读城记》、《品人录》、《帝国的惆怅》、《品三国》等随笔体学术著作。中央电视台《百家讲坛》讲座专家。

交朋友,要讲"交情"。

交情有深有浅。交情深的是"深交",交情浅的却不叫"浅交",而叫"一面之交"。中国人讲"情面"。见了面,就有情。但毕竟"只见过一面",交情尚浅,虽然也可以托人情,但往往不大好开口,也不能重托,除非是"一见如故"。"故"就是见面很多、交往很久的意思,又叫故人、故友、故旧、故知,如老同学、老同事、老战友、老邻居。老则深,深则人。即使不能"深入","老"本身也是面子,总比"一面之交"来头大。

的确,中国人的交情,一般是与交往时间的长短成正比的。因为"路遥知马力,日久见人心",而交情一如美酒,越陈越醇。没有经过时间考验的交情,总让人觉得不那么"靠得住",也难以产生恋恋不舍的"恋情"。故民谚曰:"衣服是新的好,朋友是老的好";"新婚情烈,旧友情深"。友情不同

于亲情，亲情是天然的，比如自己生的孩子，自然疼爱；友情则是慢慢建立起来的，要靠"积累"。积累则厚，厚则深，叫做"深厚"；不积累则薄，薄则浅，叫做"浅薄"。浅薄的人，胸无城府。表现在交往上，一是"多言"，夸夸其谈，自我炫耀；二是"泛交"，轻诺寡信，不知自重。真正的友谊，应该是"面淡如水，心甘如饴"，就像真正的学问和艺术一样，"看似平淡最奇崛，成如容易却艰辛"，厚积而薄发。

交情虽然以"老"的好，但"故旧"并不一定就是"深交"。反倒是口口声声宣称自己与某某要人是"老交情"者，其交情往往可疑，就像时下某些"青年学人"，专好卖弄古怪涩口的新名词、新概念，把文章写得谁也看不懂，不过是以其艰深饰其浅薄而已。交情老，只不过意味着面子大。"老交情"有事来请帮忙，那么，"不看僧面看佛面"，看在"交往多年"的面子上，也不能不有所"照顾"，当然也可能只不过"面"上敷衍，这就全看交情的深浅和事情的难易了。从这个角度讲，"故交"也不一定靠得住。

真正的"深交"，是"知交"，即"知心之交"。要结知交，第一要"诚"，即以诚相待，"我无尔诈，尔无我虞"；第二要"忠"，即忠于友谊，"受人之托，忠人之事"；第三要"信"，即恪守信义，"言必信，行必果"；第四要"权"，即通达权变，"不拘泥，不苟且"。四者之中，"权"最难。孔子说："可与共学，未可与适道；可与适道，未可与立；可与立，未可与权。"也就是说，一般人，我们可以和他"同学"，但未必"同道"。因为道路可选择，各人选择的人生道路，未必都一样。可以和他"同道"，但未必"同志"。因为选择人生道路的动机、目的、志向并不一定相同，虽然走在同一人生道路上，说不定只是"同路人"，没准什么时候还要分手；可以和他"同志"，也未必"同权"。因为志是方向，叫"志向"；权是便宜，叫"权宜"。大彻大悟之人，为了最终实现道与志，有时不得不略作变通，以为权宜。但这很容易被误认为是不忠诚，或不诚信，一旦起疑，也就不再"同心"，所以，非得真正的知交，才可与之同权；而一旦同权，也就真是"将心比心，以心换心"了。

或由此可见，结交"知心朋友"，真是其难无比，故云"人生得一知己足矣"。许多人终其一生，也难得一知己。但是，有一种朋友，虽不一定知己、知心，却最可依赖，这就是"患难之交"，即"同生死，共患难"的人。或是在战场上，救过自己的命；或是在受害时，掩护或救援过自己；或是在危难

时,和自己同心协力,共渡难关。这种经历了生死患难考验的朋友,将是最忠实的朋友,是刀架在脖子上都不会反悔的朋友,所以又叫"刎颈之交"。道理也很简单——真正的友谊是超功利的。

生死患难,功名利禄,最能鉴定友谊的真假和交情的深浅。司马迁在《史记·汲郑列传》的赞语中说,有个姓翟的下邽(guī)人,起先当廷尉(最高司法官)时,宾客来往极盛,把大门都塞住了,罢官以后,则大门外可以张设捕捉鸟雀的网罗("门可罗雀"一词即出于此)。后来,翟公又当了廷尉,宾客们又准备前往翟府交结,翟老先生便在门上用大字写下一句话:"一死一生,乃知交情;一贫一富,乃知交态;一贵一贱,交情乃见",说得真是再透彻也没有了。

朋 友 种 种

□高晓声

高晓声(1928~1999)　当代作家。江苏武进人。出版《李顺大造屋》、《七九小说集》、《高晓声八一小说集》、《陈奂生》、《觅》、《新娘没有来》等小说集与长篇小说《青天在上》、《陈奂生上城出国记》等。部分作品被译成多国文字。

朋友不可无。有了呢,也往往啰唆。不啰唆的朋友极难得,所以极可贵。

有句话说得挺理直气壮的,叫做"谁人背后无人说,哪个人前不说人"！这倒挑明了一种普遍的人际关系。好像每个人都会陷进这无可奈何的境况中去，却又都可以用这句话来劝谕别人或宽慰自己不必尴尬。朋友之间，也往往如此。

背后议论人，是非曲直，无从证实，这叫私设公堂、缺席审判，当然不正派。但许多人有这种德性，甚至有这种嗜好。"病从口入，祸从口出"，这话并不地道。口之于人，不止于病、祸两害；吹牛拍马卖狗皮膏药利莫大焉！祸福之外，还有天生的习惯，它是人身上最管不住的器官，上顿吃饱了，下顿照样吃。吃了好的，还要吃更好的。说话同吃一样，都天生有瘾。即使也有认为背后说人不妥，但别人在说，听听也无伤大雅，等到自己瘾来时，"不妥感"便没有了。反倒自以为与众不同，乃是一种关心的表现。总要发表声明说"这个人我认识，印象原来还挺好"或径直说"我们还是朋友呢"。然后慷慨陈词："要不然，我才不讲这些。说话也要花力气，我养养神不好吗？"那口气真似大有恩泽施于人的样子。倘有人提出"朋友的错误应该当面指出"，也很容易被"他听不进，不但听不进，反而还有意见"的理由驳倒。至于他是否当面提出过，则无从对证，连他们是否真是朋友也只是听他吹。但以朋友的名义发出的消息却使人增添几分信任感，如此一传再传。等到变成一种舆论，早已鸡变鸭、鹿成马。当事人听到了，哭不得，笑不得。

最难办的还是那些货真价实的朋友，他真熟悉情况，他讲的事至少有80%是真实的，另外20%也并非有心使歪，只是表达能力不及而已。但是他表达不准确的地方正好给能够充分发挥想象的表达者留下了宽广的天地。几经传播之后，信息回到第一位传播者耳朵里时，至少有50%他还是第一次听到。这时候他的脑子如果管用，他就会明白是讹传的结果；可惜管用的脑子偏又不多，他竟会一跺脚（脚就管用了），埋怨他的朋友不够意思，怎么还有这么多事情没有告诉他呢！

如此朋友，其奈天何！

另有一种人好像更加真诚。他认为朋友即使不是完人也该非常优秀（这怎么可能呢）。他是崇拜朋友的，认为无友不如己者，他以这样的朋友作为自己的骄傲。可是，常常会有些不尽如人意的事情发生，比如偶然会听到有人谈论朋友有不检点的行为，等等，神经马上紧张，以"最高指示传

第四辑　益者三友

达不过夜"的精神尽快告诉他的朋友,要朋友当心。如此一而再,再而三,日积月累,从生活、工作到思想、政治,诸多关照,不一而足。其实此类舆论,有的是无中生有,有的是小题大做,有的是以讹传讹,有的是开开玩笑的,到了他的嘴里,一概变得十分严重,好像天马上要塌下来了。这就使他的朋友经常受到干扰,弄得非常烦恼、窝囊。朋友当然也会有对立面,有的还相当阴险。这种阴险的人就会利用他把纯属诬陷的事传达到他朋友的耳朵中去,他的朋友受到伤害,但又因为是他说的,碍于情面,无法控告他的诬陷罪。

这样的朋友,只要有一个,就够烦的了。交朋友是该有选择,如果已经认为朋友比自己优秀,那起码应有一个基本的信任,应该相信朋友会做什么和不会做什么。因此,在听到那些背后的谈论,就该挺身而出,为朋友辩解,使别人也能像他一样理解他的朋友。他却完全相反,一上舆论阵地,马上溃退,进帐报告敌人来了,扰乱军心。这算什么朋友,他临阵脱逃,罪该斩首。

朋友是应该互相帮助的,但这种帮助,首先在于理解和信任,最难做到的也正是这一点,听到有损朋友的议论就惊慌甚至溃败,原因就是对朋友的不信任、不理解。有些几十年的老朋友,总以为彼此都熟透了,可是偶然听到第三者一句诬蔑之辞,竟马上对老朋友的看法糊涂起来,也是常有的事。这也难怪,曾母对自己的儿子曾参可算得信任了,可一连三次听说曾参杀人,也会弃甲曳兵而走。又何况朋友呢!

真能相知的朋友当然是有的。朋友毕竟是我们人生旅途中不可缺少的伴侣。从关系上说,它比父母妻子松散,合则交,不合则断。但相知的朋友却能终身为伴。相互之间的交流和帮助,远远超过家庭里的一切人。世界上的事,大概有一半是被谣言搞乱弄坏的,要做朋友,千万不能卷到这里面去。

诤　友

□俞平伯

俞平伯(1900~1990)　原名俞铭衡,字平伯。浙江德清人。现代诗人、散文作家、古典文学研究家。中国白话诗创作的先驱者之一。主要作品有诗集《冬夜》、《古槐书屋间》,散文集《燕知草》、《杂拌儿》等。《红楼梦辨》是"新红学派"的代表性著作之一。

以能问于不能,以多问于寡,有若无,实若虚……昔者吾友尝从事于斯矣。

　　　　　　　　　　　　　　　　——《论语》

佩弦兄逝世后,我曾写一挽词,寥寥的 32 个字:"三益愧君多,讲舍殷勤,独溯流尘悲往事;卅年怜我久,家山寥落,谁捐微力慰人群。"《论语》上的"益者三友,友直,友谅,友多闻",原是普通不过的典故,我为什么拿它来敷衍呢。但我却不这么想,假如古人的话完全与我所感适合,我又何必另起炉灶?严格地说,凡昨天的事,即今日之典故,我们哪里回避得这许多。

"直"、"谅"(信)、"多闻"这三样看起来似乎多闻最难。今日谓之"切磋学术"。人有多少知识那是一定的,勉强不来的,急不出的。所以古人说过,

"深愧多闻,至于直谅不敢不勉",言外之意,似乎为多闻之友比做个直而信的朋友更难些。这所谓"尽其在我",在个人心理上当然应这般想。虽没知识,难道学做个好人还不会吗?但那只得了真理的一面。

若从整个的社会看,特别当这年月,直谅之友岂不远较多闻之友为难得,至少我确有这感觉。前文所云"直谅不敢不勉",乃古人措辞之体耳。因为不如此想,即属自暴自弃。虽努力巴结,并非真能办到的意思,或竟有点儿办不到哩。总之,直谅之友胜于多闻之友,而辅仁之谊较如切如磋为更难,所以《论语》上这"三益"的次序,一直,二谅,三多闻,乃黄金浇铸,悬诸国门,一字不可易的。

我们在哪里去找那耿直的朋友,信实的朋友,见多识广的朋友呢?佩弦于我洵无愧矣。我之于他亦能如此否,则九原不作后世无凭,希望如此的,未必就能如此啊。我如何能无惭色,无愧词呢?

以上虽似闲篇,鄙意固已分明,实在不需要更多的叙述。佩弦不必以多闻自居,而毕生在努力去扩展他的知识和趣味,这有他早年的《海阔天空与古今中外》一文为证(见《我们的六月》,1925 年)。他说:

> 人生如万花筒,因时地的殊异,变化不穷,我们要能多方面地了解,多方面地感受,多方面地参加,才有真趣可言;……但多方面只是概括的要求:究竟能有若干方面,却因人的才力而异——我们只希望多多益善而已!(页3~4)
>
> 但是能知道"自己"的小,便是大了;最要紧是在小中求大!长子里的矮子到了矮子中,便是长子了,这便是小中之大。我们要做矮子中的长子,我们要尽其所能地扩大我们自己!(页8)
>
> 能够"知他"才真有"自知之明"……所知愈多,所接愈广;将"自己"散在天下,渗入事物之中看它的大小方圆,看它的轻重疏密,这才可以剖析毫芒地渐渐渐渐地认出"自己"的真面目呀。俗语说:"把你烧成了灰,我都认识你!"我们正要这样想:先将这"我"一拳打碎了,碎得成了灰,然后随风飚举,或飘茵席之上,或堕溷(hùn)厕之中,或落在老鹰的背上,或跳在珊瑚树的梢上,或藏在爱人的鬓边,或沾在关云长的胡子里,……然后再收灰入掌,抟

灰成形，自然便须眉毕现，光彩照人，不似初时"混沌初开"的情景了！所以深的我即在广的我中，而无深的我，广的"我"亦无从立足；这是不做矮子，也不吹牛的地道老实话，所谓有限的无穷也。（页 10 ~11）

文作于民国十四年五月，好像一篇宣言，以后他确实照这个做法，直到他最后。本年七月二十三日，《中建》半月刊在清华工字厅开座谈会，这大概是他出席公开会集的最后一次，也是我和他共同出席的最后一次，他病已很深，还勉强出来，我想还是努力求知的精神在那边发热，他语意深重而风趣至佳，赢得这会场中唯一的笑声。（见《中建》半月刊三卷五期）

多闻既无止境，他不肯以此自居，但他的确不息地向着这"多闻"恐已成为天下之公言。反观我自己，却始终脱不了孤陋寡闻的窠臼。佩弦昔赠诗云，"终年兀兀仍孤诣"，虽良友过爱之词，实已一语道破，您试想，他能帮助我，我能够帮助他多少呢！再举一个实在的例：《古诗十九首》，我俩都爱读，我有些臆测为他所赞许。他却搜集了许多旧说，允许我利用这些材料。我尝建议二人合编一《古诗说》，他亦欣然，我只写了几个单篇，故迄无成书也。

"以文会友，以友辅仁"，虽属老调，而朋友之道八字画之。我只赋得上一句，下一句还没做，恐怕比上句更重要些。辅者夹辅之谓，如芝兰之熏染，玉石之攻错，又云"蓬生麻中，不扶而直"，吾今方知友谊之重也。要稍稍做到一些，则尔我之相处必另有一番气象，略拟古之"诤友""畏友"，至少亦心向往之，即前所谓"直谅不敢不勉"也。

谅，大概释为信。信是交友的基本之德，所谓"朋友有信"，但却不必是最高的，或竟是最起码的条件，所谓"人而无信，不知其可"，即泛泛之交亦不能须臾离也。所以"信"虽然吃紧，却换了个"谅"字，摆在第二位。第一位只是直。又云，"人之生也直"，又云，"斯民也，三代之所以直道而行也"。这个直啊，却使我为了难。直有时或须面诤，我不很习惯，倒不一定为怕得罪人（这顾忌当然有点儿），总觉得不大好意思，又想着："说亦恐怕无用吧！"自己知道这是一种毛病。佩弦表面上似乎比我圆通些，更谙练世情，似乎更易犯这病，但偏偏不犯，这使我非常惊异而惭愧。人之不相及如此！（恕

我套用他的话,他于十三年四月十日的信上说:"才之不相及如此!是天之命也夫!"那封信上还有我一点儿光荣的记录,他说:"兄劝弟戒酒,现已可照兄办法,谢谢,勿念!")

他的性格真应了老话,所谓"和而介,外圆而内方"。这"内方"之德在朋友的立场看来,特别重要。他虚怀接受异己的意见,更乐于成人之美,但非有真知灼见的绝不苟同,在几个熟朋友间尤为显明。我作文字以得他看过后再发表,最为放心。例如,去年我拟一期刊的发刊词,一晚在寓集会,朋辈议论纷纷,斟酌字句,最后还取决于他;他说"行了"。又如我的五言长诗,三十四年秋,以原稿寄昆明,蒙他仔细阅读三周。来信节录:

> 要之此诗自是功力甚深之作,但如三四段办法,在全用五言且多律句之情形下,是否与用参差句法者(如《离骚·金荃》)收效相同,似仍可讨论也。兄尝试如此长篇实为空前,极佩,甚愿多有解人商榷。

后来我抄给叶圣陶兄看,附识曰:"此诗评论,以佩公所言为最佳。诗之病盖在深入而不能显出也。"

这些诤议还涉多闻,真的直言,必关行谊。记北平沦陷期间,颇有款门拉稿者,我本无意写作,情面难却,酬以短篇,后来不知怎的,被在昆明的他知道了,他来信劝我不要在此间的刊物上发表文字,原信已找不着了。我复他的信有些含糊,大致说并不想多做,偶尔敷衍而已。他阅后很不满意,于三十二年十一月二十二日又驳回了。此信尚存,他说:"前函述兄为杂志作稿事,弟意仍以搁笔为佳。率直之言,千乞谅鉴。"标点中虽无叹号,看这口气,他是急了!非见爱之深,相知之切,能如此乎?当时曾如何的感动我,现在重检遗翰,使我如何地难过,均不待言。我想后来的人,读到这里,也总会被感动的,然则所谓"愧君多"者,原是句不折不扣的老实话。

《中建》编者来索稿,我虽情怀恶劣,心眼迷茫,而谊不可辞,只略叙平素交谊之一端,以为补白。若他的"蓄道德,能文章",力持正义凛不可犯的精神,贯彻始终以至于没世,则遗文具在,全集待编,当为天下后世见闻之公之实，宁待鄙人之罗缕。且浮夸之辞，以先友平生所怍，今虽邃有人天之隔，余何忍视逝者为已遥，敢以"面谀"酬诤友畴昔之意乎！

朋友的泛滥

□肖复兴

肖复兴 1947 生于北京。当代作家。作品集有《音乐笔记》、《音乐的隔膜》、《聆听与吟唱》、《浪漫的丧失》和《遥远的含蓄》等，其中《音乐笔记》获首届冰心散文奖。

如今，再没有比朋友更为泛滥的，到处可以听得见：这是我朋友！请我朋友帮忙，没问题！有事找我朋友去！朋友这个词使用频率大概是最多的一个，如同打开瓶盖儿冒出香槟酒的泡沫，可以喷吐个不停。似乎真的是四海之内皆兄弟，五湖遍地是朋友。尤其伴随着臧天朔那首已经唱烂的老歌《朋友》，朋友更是如星星之火，大有燎原之势。

我是对此深表怀疑的，朋友真是会有过江之鲫如此之多吗？如今到处泛滥的朋友，意味的真正含义是什么呢？其实，剔除了那已经是凤毛麟角的真正朋友，其中大多数所谓的朋友，已经和朋友本来所具有的古典和经典的含义大相径庭。亚里士多德曾经将朋友分为三类：一类是出自自身的利益或用处考虑的；一类是出自快乐的目的；一类是最完美的友谊，即有相似美德的好人之间而成为的朋友。如果依此标准来观照我们如今已经

泛滥成灾的朋友,就可以轻而易举地看出,大多不过是亚里士多德说的第一类而已,如果和第二类也沾点儿边,不过是因为由于利益或这些目的的达到而满足所呈现出的快乐罢了。第三类,则连一点儿边都不沾。

没错,朋友的泛滥,让我对朋友一词感到羞愧,一说起"朋友"这个词,跟现在说起"小姐"这个词一样,即使不是离原意太远而备受亵渎,多少也和"小姐"这个词一样有些暧昧。难道不是这样吗?如今的朋友成为实用主义的象征,在这样实用主义的泥坑里,朋友这个词本来应有的品质在一天天被沤(òu)烂。在酒桌上、赌局里、生意场中,到处在说是朋友,其实不过是相互关系的胶黏和利用而已;说是找朋友,其实不过是彼此利益的需要和互补而已。这种利用,已经沦落为类似动物的本能了,不过是披着朋友这一层漂亮的外衣,里面包藏的是攫取的锋利牙齿;这种需要,已经如同剥离了爱情而堕落为仅仅是性欲一样简单直接罢了。说得再动听的朋友,也只是为了这样的利益和需要的过门儿一样,主题曲千篇一律的雷同。请任何一个朋友帮忙,自然都不是白帮的,即使不是明码标价,实际上也都是有价格的。交换,早已经成为朋友之间约定俗成的法则,而赤裸裸的金钱,更是朋友关系期限长短的润滑剂,是朋友脸面上动人表情的润肤霜罢了。

记得70年代末,我刚结束插队回到北京,那时流传的顺口溜是:抽烟不管事儿,冒沫儿(指喝啤酒)顶一阵儿,要想办点儿事儿,还得大衣柜儿。如今,沧海都变为桑田了,这样的路数早已落伍,让朋友会笑掉大牙的。不过短短20多年,江河日下,世风跌宕,让这种风气闹得,即使是请真正的朋友帮忙,再怎么着也得请顿饭吃,或过节时想法子送点礼物作为补偿,否则自己总会觉得心里不落忍,哪儿不对劲儿。美德,亚里士多德所说的朋友应该具有的美德,就这样被我们自己蚕食殆尽。

当然,朋友的退化,美德的丧失,并不是自今日起,早在政治的年代里,最常见那些出卖你的,恰恰是你称之为朋友的人,他们最终抛出的是你说给他们的悄悄话,或写给他们的私人信件,便立刻成了置你于死地的致命炮弹。因此,屎盆子不能都扣在今天的头上,不过是今天与昨日不同在于:以明确的物质诱惑而取代了膨胀的政治蛊惑,也就是说,无论当初的政治和今天的物质,其实都成为一种压力,压弯了朋友的肩膀,压碎了美德的光芒。经历了从政治时代到经济时代这样的转化过程,我们不难看出,朋友本来具有的古典的光芒已经被我们自己的手磨光,朋友,已经成为极其脆弱的一个词,成为日渐复杂和堕落的人际关系的一块遮羞布,成为市场上叫卖最响却也是最具有欺骗性的一个幌子。

因此,我轻易不敢对旁人说谁或者谁是我的朋友,我对一般不熟的甚至只是一面之交的人轻易指着我说是他或她的朋友,也同样感到不快和不安。朋友,是一个古老而高贵的称谓,说是朋友,指的是"千里其如何,微风吹兰杜"那样心地高尚品质高洁的人,指的是"狂风吹我心,西挂咸阳树"那样值得牵挂的人,指的是"为雁弟与兄,提携为君死"的那样可以托付性命的人。所谓为朋友两肋插刀,那种碧血丹心的友谊,是流传至今人们对真正朋友的一种向往,如今离我们是那么的遥远。"海内存知己,天涯若比邻",是古代人们对真挚友谊的一种寄托,如今更只是我们的一种可望而不可即的境界。而"花径缘客扫,蓬门为君开",大概在如今不是有事而来,就是有求而待,那种淳朴的朋友之间的情谊,只能够在我们唐诗宋词里去迎风怀想了。

一般而言,我们爱说爱情是白头偕老;我们爱说友谊是地久天长。可以看得出,我们对朋友之间的友谊从心底里的重视和向往,是高于男女之间爱情的,因为,白头偕老,是一辈子;而地久天长,则是永恒。因此,在商业社会充满种种诱惑之中,千万珍重朋友这一称谓,不要使其受到侵蚀而败坏了它的美好与美德,对于我们都是需要小心才是。罗曼·罗兰在他的《约翰·克利斯朵夫》里曾经说过这样一段话:"大家把朋友这个名称随便滥用了,其实,一个人的一生只能有一个朋友,而这还是很少的人所能有的福气。"这话虽然已经说了将近 100 年,但对于我们今天依然具有警醒的意味。到处在唱爱情,正是爱情缺少的滥情年代;到处称呼朋友,恰恰是朋友匮乏的枯水季节。

不太熟的朋友

□张　健

张健　1949 年生,山东潍坊人。当代作家。著有报告文学集《那簇遥远的圣火》、《顶峰的魅力》等。报告文学《冠军泪》获 1988 年全国体育报告文学一等奖,《谁给我一个世界》获全国第二届体育报告文学二等奖,报告文学集《珠穆朗玛之魂》获冰心图书奖。

有人问我:世界上的朋友可分几类?

我迟疑了三秒钟,眨眨眼,爽快地回答他道:

可分五大类!

一是好朋友:又称知己,偶然也可叫知音,或夸张地说叫"生死之交"。

二是熟朋友:交情不错,交往的时间也很久长,多少有一点"生米煮成熟饭"的意味。

三是半生不熟的朋友:简称不太熟的朋友,或介乎熟与不熟(仿庄子"材与不材"的逻辑)之间的朋友。

四是准朋友:又称泛泛之交,点头之交。譬如普通同事、邻居,甚至每天在公车、地铁中碰面的人。

五是反朋友:说是朋友嘛,也有三分像;不过他对你益处毫无,坏处多多,必要或未必必要时,他可以出卖你到尸骨无存。所以又叫坏朋友。

他一听这一大席话，不禁佩服得五体投地——恰好一体对应一种朋友，然后歪脸思考了半晌，又追加了一个第二级的问题。

请问何谓半生不熟的朋友？

于是我说："说来话长，请看明日拙作。"

半生不熟的朋友，有三大特点：

一、交情有限，却又藕断丝连，挥之不去，好像有心人在暗中牵合似的。你到东头，他也来了，你到西边，他又来个"不期而遇"。

二、你对他始终不了解，或摸不清底细，或欲探究竟而受阻，或频频进行猜谜游戏而难以命中，大有高度近现眼打靶的苦楚。

三、他好像还看得起你，把你当做一个朋友，或半个知己，你也觉得没有拒人于千里之外的理由和必要。就这样，你们的关系便悬在半空中。

这种朋友，有急难时你不敢指望他拔刀相助，连需要借 10 块钱的时候，也不会考虑到他，可是，天下事就妙在这里，说不定他竟半路杀将出来，像唐朝开国元勋程咬金似的，为你砍上一斧头，帮你一手，或为你解围，或代你付账，或说一两句使你及时醒悟，及时得到安慰的话。

这样说来，熟不熟又有什么关系呢？

朋友之间，太熟了，却又还没有达到知己好友的地步，往往会把对方看穿，看扁，或者嫌对方太烦人，恨对方处处抢自己的风头，怨对方太不照顾自己（"照顾"的标准人人不同，难矣哉），或者闻风知讯，每逢对方有困难时，他早已"熟"悉得不用目测，便一溜烟跑开了。这样的熟朋友，哪怕已成"熟饭"，只恐也是一锅焦饭或生一颗熟一颗的怪饭吧！

半生不熟的朋友所发生的温情，格外使人感动、受用。尤其因为你本来不曾对他抱有太大的希望，太多的期许，所以一得之下，万事清吉，心平气和，体畅情悦，恨不得高歌一曲，轻舞一场。

由不太熟的朋友关系往前迈进，大概有两条大路：一是普通级的——逐渐变成熟朋友，久而久之，其友谊也就疲倦化、萎靡化了。另一条是特别级的——有那么一天，风和日丽，万里无云，你俩在蓝天下相视一笑，仿佛有一个神秘的声音正向世界宣告：

我俩已升级为好朋友！

第四辑　益者三友

陌路朋友

□（香港）张小娴

张小娴 女，香港作家。作品数量众多，多为人生中的琐细感悟，虽无惊人之语，但以女性视角娓娓道来，颇受读者欢迎。出版长篇小说《面包树上的女人》、《荷包里的单人床》，散文集《亲密心事》、《月亮下的爱情药》等。

是什么让朋友成为陌路的？是时间？际遇？误会？每一样都有可能吧？

两个人曾要好得几乎天天黏在一块儿，无论做什么也一起行动，到了后来见面次数愈来愈少，不见不见，就这样终于不再见。

许多年后的某天，你乍然想起这个人，好像已经是那么遥远的往事了。他在做什么呢？他过得好吗？虽然手上有他的电话号码，你却总是提不起劲找他。

朋友宛如流逝的时光，是会从你身边溜走的。

假如时间没有把他带走，那么，际遇呢？识于微时的两个人，际遇相差愈来愈远，一个春风得意，一个不如意，往往不是春风得意的那个人不想继续这段友情，而是生活不如意的那个人想走开。你又怎能阻止一个失意的人去找一些让他觉得比较自在的朋友？

假如际遇没有把你们分开，那么，误会呢？不再见一个朋友了，因为他伤害了你，他在你需要的时候没有帮你一把。然而，后来有一天，你从别人口中听说那是一场误会。是误会吗？你不禁满怀惆怅。

陌路朋友，总有许多前因后果，时间，际遇，误会，爱上同一个人，或是你们各自爱上的那个人都不喜欢对方。相识，相聚，又离别，然后有一天，带着一点点可惜，各走天涯路。

挚　友

□王文元

王文元　1937 生，河南南召县人。当代书法家。师承欧阳中石和柳倩先生。其作品在国内外大展赛中多次获奖。作品和词条入编《东方之子》书画卷、《中国书法全集》、《世界名人录》、《中华翰墨名家作品博览》等，授予"国际金奖艺术家"等称号。

余性孤僻，疏于友道，故相好不多，实为不幸。然而相好之中有一位堪称挚友，又是不幸中之大幸。

挚友者，顾名思义，执手比肩同行者也。挚友之间，知之熟稔，友谊如金之固，如磐之坚，没有什么力量能够将其击溃。实际上"挚友"一词极绕阐释空间，挚友不仅能锦上添花，更能雪中送炭。俗话说："知人知面难知心。"挚友却能够做到知心。二三十年前，在浑浊不堪的动乱年代，受左祸牵累，身陷牛棚，连家人都不敢来看我，我陷入空前的孤立之中，第一次体味到了世态炎凉。这时我多么热望能够见到我所熟悉的面孔啊，多么想通

过熟悉的面孔汲取些继续活下去的勇气啊。就在我几乎绝望的时候,挚友不顾自身安危,毅然来到了我身边,不但前来探视,与我耳语嘘寒,还给我带来一些急需的生活日用品,让我喜出望外。看守者问,你是他什么人?他昂首回答,朋友!在他探视我之前,我不堪屈辱,曾产生过自杀的念头,他来过后,只简短的几句话,就重新点燃了我生存下去的希望之火。说挚友救了我的命,虽不中,亦不远矣。获得自由后,许多人不敢理我,唯有挚友一如既往,毫无顾忌,常常与我通宵达旦,抵足而谈。斯人斯事,在我脑海里留下了永不泯灭的隽永回忆。我痛感:挚友何需多,一位足矣。

挚友是一种高尚的人际关系。非父非母、非夫非妻、非子非女,却有情有义、有悲有欢、有离有合,同呼吸共命运。与挚友在一起有一种难以言喻的轻松与愉快。我常想两位五尺须眉,互相交好,心心相印,以仁德与诚信对人,以诚信对己,这就是挚友。挚友的境界是世间最崇高与伟大的境界。

挚友不同于熟友。不可否认,熟是结交朋友的一个条件与契机,在一般情况下,人们会对熟人作出一种特殊反应,正所谓人熟为宝。然而熟不等于知。人生交友不患不熟,患不知。熟友易求,知交难得。挚友并不一定时时在一起,就算天各一方,至白发盈颠友谊亦不会改。我友出国留学已十多载。十年别友,抵暮忽至,喜极而泣,酸甜苦辣齐集灵台,个中滋味,岂他人可知?

挚友不同于棋友、牌友、诗友、文友、歌友、舞友。我有棋友与文友,我们相处得很融洽,但是这种朋友存在着一个致命的缺陷:交流范围狭窄,三句话离不开本行。尽兴之后再无余言,这属于浅层的朋友。

挚友不是"现用现交"的买卖交易。为膏粱计而交朋友,以解燃眉之需,这体现了人类互助的精神与合作的智慧,无可厚非。然而用此法交朋友,很难交到知心挚友。一般只有在非功利的场合才可能交到挚友。

挚友无需阿谀顺从,阿谀顺从算不上真朋友。有了缺失,肯一针见血地指出才算朋友。孔子说,春秋责备贤者。贤者尚且需揭其短,况常人乎?古人曰:诗可鉴人,药可治弊。朋友忠言价值千金。越是挚友,其言越是利能切玉,锐可断犀。目的是为你削茧拔疔(dīng),去病利行,其善意昭昭可见矣。只会顺风撒土的朋友,一无用处,不交也罢。

挚友之间不存在"只许你在我之下,不许你在我之上"的嫉妒。替朋友

　　分担困难与不幸，这并不难；与朋友共享成就与喜悦却很难。嫉妒朋友的成功，朋友在自己之下则喜，在自己之上则忧，这样的朋友终不能长久。

　　挚友不隔心。交朋友的本质是征服人心，互相征服对方的心，才算得上挚友；然而征服心谈何容易，王船山早就说过"灭山中贼易，灭心中贼难"，当然王夫子所说与我所表达的不完全是一回事，但情同此理，一个人无法钻到另一个人肚子里，正所谓"文章信口雌黄易，思想锥心坦白难"。只有挚友，才是锥心坦白的。

　　挚友拒绝攀附，朋友之精华是平等，不平等的朋友对人生没有太大的意义。两个人都很在乎一方低、一方高（无论是地位还是名声）的现实，朋友就不好深交下去了。真正的朋友之间无有名只有品，无有位只有尊。

　　挚友与狐朋狗友更是风马牛不相及。狐朋狗友是朋友中的败类，狐朋狗友可以一起走狗斗鸡，一起沉湎于噪音恶乐、悖光谬影之中，可以一起蜷曲在黑暗角落策划一件见不得人的勾当，然而一旦交易完成，无论事发与否，立即如鸟兽散，甚至由"朋友"变为死敌。以"友"谓之，实是讥讽。

　　人应常自问：吾得挚友乎？

第四辑　益者三友

陌路朋友，总有许多前因后果，时间，际遇，误会，爱上同一个人，或是你们各自爱上的那个人都不喜欢对方。相识，相聚，又离别，然后有一天，带着一点点可惜，各走天涯路。

第五辑
人至察则无徒

《论语》有言曰:"君子和而不同,小人同而不和。"与朋友相处不必强求事事一致,重要的是做到取长补短。友谊的维护并不需要华丽的外衣,却需要一颗真诚友善的心。

当被朋友伤害时,要把它写在沙滩上,风雨会很容易地抹去它;如果得到朋友的帮助,要把它刻在内心深处,它会永久地驻扎在那里。朋友的伤害往往是无心的,帮助却是真心的,忘记那些无心的伤害,铭记那些真心的帮助,友谊便可天长地久。

朋友没有绝对的

□ 王 蒙

王蒙 1934 年生于北京，祖籍河北。当代著名作家，曾任国家文化部部长。1955 年发表第一篇小说《小豆儿》。出版小说集、评论集等多种，其中《最宝贵的》、《悠悠寸草心》、《春之声》、《蝴蝶》、《相见时难》等先后获全国优秀短、中篇小说奖。曾获得意大利蒙德罗文学奖和日本创作学会的"和平文化奖"等。

一些自命不凡的人，自命伟大或自命清高的人，交友也很难。他们心比天高，对别人非常严酷，有一种以我画线的味道。

我却认为对于知己不必要求得那么苛刻，非得莫逆、默契、心相印心重叠不可。人与人不可能是完全一致的，朋友之间没有永远的与绝对的相互保持一致的义务；永远的与绝对的一致，夫妻父子之间也难于做到；而且各人的处境不同，不可能事事一致。其实保持一致云云，已经包含了不尽一致的意思，绝对的一致，是用不着费力保持的。比如有一些自己可以不予理睬的恶人，但是自己的朋友恰恰在此人的手下供职，就不能与你采取同样的置若罔闻的态度。你的朋友也许还要虚与委蛇，你的朋友不敢得罪你心目中的极不好的家伙。你怎么办？因而与你的朋友断交吗（那只能证明你是一个法西斯主义者）？还是抱一个谅解的态度呢？世上有许多事，心中有数是可以的，锱铢(zī zhū)必较却是不可取的。那种一句话不投机就割席绝交的故事总是令我难以接受。

对于一个人一件事一个观点的看法与做法，也许你的某个朋友与你不一致，但是还有别的大量的人大量的事大量的观点呢，也许在更广阔的领域你们有着合作至少是交流的可能，为什么要采取一种极端的态度，把自己的圈子搞得愈来愈小呢？再说那种要求别人是朋友就得永远忠于自己，只能从一而终的做法，是不是暴露了某些黑手党的习气，而太缺乏现代的民主的理性的客观的与容忍的人生态度了呢？

再想一想，你的朋友都是忠于你的人，那是朋友还是你经营的小集团呢？你的朋友都是永远同意你、赞成你、歌颂你、紧跟你的人，你在他们中间听到的只有是是是、好好好、对对对，英明啊正确呀太棒啦妙极啦的一套，你什么时候能听到逆耳的忠言，能听到不愉快的真实，能得知自己的失误与外界对自己的不良反应，能得到全面的与客观的信息反馈呢？那不是自己把自己封闭起来了吗？世上最可笑复可悲的莫过于拼凑一个小圈子，关起门来互相吹捧、同仇敌忾(kài)、诉苦喊冤、捶胸顿足，直到哭哭啼啼地自封伟大正确的闹剧了。这样的人自己被自己闹昏了头，弄假成真，真以为自己是真理的化身正确地代表历史的中流砥(dǐ)柱了，这不跟吃错了药一样难办吗？

还有，你能百分之百地保证你的一切选择都是最最正确而且是千年不变的吗？如果你的对某人某事某理论某学派的态度与处置并非足金成色，如果你的对待本身就留下了可争议之处，如果你很正确很伟大但是随着时间的逝去情势的变化你的做法不无需要调整出新之处，就是说你也像众人一样有需要与时俱进之处，那么那些与你在此人此事此观点上不甚一致的朋友，不正是你的最合适的帮手吗？相反，如果你一上来就把事做绝把话说绝把与自己意见或做法不尽一致的人"灭绝"，你将使自己处于何等困难的境地！

友谊不是绝对的，友谊不承担法律义务也不受法律保护，真正的友谊不需要也不喜欢指天发誓、结拜金兰，更不需要推出一个首领，大家为他卖命，更可厌的是搞那套有福同享有难同当的利益共同体。那是黑社会的一人得道鸡犬升天的把戏。有些人就是喜欢搞这一套，所谓要有自己的人，结果呢成也圈子败也圈子，"自己人"不断地向你伸手要好处，你变得

名誉扫地司马昭之心,路人皆知,最后变成过街老鼠臭名昭著,你还觉得冤枉呢,你说可笑不可笑!"君子之交淡如水",古人的这一总结很有深刻意义。我的外祖母不识字,不知所据何来,她每逢讲到"淡如水"时还要补充一句"小人之交甜如蜜"。

朋 友 之 道

□李国文

李国文 1930 年生于上海,祖籍江苏盐城。当代著名作家。著有长篇小说《花园街五号》,短篇小说集《第一杯苦酒》、《危楼纪事》、《没意思的故事》等。长篇小说《冬天里的春天》获首届茅盾文学奖,《大雅村言》获第二届鲁迅文学奖,《危楼纪事之一》获全国第四届优秀短篇小说奖。

有一次我去看望一位名流,事先电话里约好,到得他家,门上有张告示,把我吓了一跳。上写"写作时间来访,无异谋财害命",这当然是老先生的幽默,不过罪名够大的,便转身走开,以后有机会见面时再说。随后,他追来电话,问怎么不见我的人影?我跟他开玩笑,我不想为此而吃官司而蹲班房。他明白了,向我解释,那是对一些不请自来,屁股很沉,一坐不走者而设置的免战牌。

我会意一笑,表示能够理解这位名流的苦衷。因为像海明威那样站着写作,像莫扎特那样在饭店里作曲,像巴尔扎克 24 小时连续奋笔疾书,像贝多芬耳朵聋了还写出第九交响乐，终究是少数天才的特异禀赋。像一般以文为生的人，若没有一个不受干扰的写作空间，有客敲门，是要受到影响的。所以，老先生建议我也不妨一试。

但我踌躇了，因为哪怕鲁滨孙在岛上，最后还找到一个礼拜五的人做伴呢，所以任何家庭，在当今社会里，都会有不速之客光临。这其中，既有亲戚，也有朋友，更有推销产品的商贩，也有找错门的陌生人。其实，声明请勿打扰，有时并不能挡住你不想让他来的人，相反，倒可能使真正的朋友退避三舍。

我们知道，动物是不常串门的，除了发情期以外；但人则不同，有一种"嘤其鸣兮，求其友声"的本能。这些年来，与作家、编辑、文学界的交往多了起来，"谈笑有鸿儒，往来无白丁"。我发现，谈话不仅是感情的交流，还多少是智慧的碰撞、思想的启迪、灵感火花的触媒，从客人的言语中，我获得过不少教益。再早些年，劳动改造之际，老师傅、小徒弟、一块干活的工友，则是我家的座上客。虽然文化不高，但心地善良，在帮我学得一技之长的同时，也教我懂得怎样适应社会的人生学问，也使我得以不被倒霉的命运压倒。所以，他们在我困难时伸出的援手，在我沉沦时分担的痛苦，也包括在20多年艰难岁月里，给过我许多慰藉的亲朋挚友，那是无论如何不能拒之门外的。

友谊是条双向道，绝非一头热的剃头挑子。不能需要时是朋友，不需要时便不是朋友。所以，我谢了老先生的好意。尤其想到我和老伴那数十年间，时常要去敲开别家的门，求有办法的人帮忙，解决工作，户口，调房，孩子上学等难题，不知领受过多少冷面孔和闭门羹的滋味，痛苦而归。这时，好朋友的一句慰藉的话，一个同情的眼神，一杯热茶，留在心头的温暖，让你感到这个世界还是好人多而不致绝望。想到那些日子，那些朋友，写作固然重要，但与友情相比，总是第二位的事情了。

不久前的一个中午，一位来自工地的老熟人，给我带来治高血压的杜仲树皮。因为怕我午睡，自觉地在院子中的冷风里等着。我连忙去接他进屋，他直为他来得不是时候而抱歉，这实在叫我无地自容，惭愧万分。

真正的友情，如同一面筛子上的网目，多年的考验，已经把匆匆一面的点头之交，虚相应酬的浮泛之情，人走茶凉的变脸之辈，见势行事的功

利之徒,早筛落下去。能到鬓发皆白时还留存的真诚友情,更应该好好加以珍惜,否则,在这个世界上,就有可能成为真正的孤家寡人。写到这里,我倒想对那位名流建议:某公,能否听我一言,尊府门口那露(lù)布的语气,要是和缓一点,岂不更好?

青少年受益一生的 名人交友之道

水乳不必交融

□[新加坡]尤 今

尤今 女,原名谭幼今,1950年生于马来西亚,成长于新加坡。现为新加坡《联合早报》、马来西亚《淑女》杂志撰写专栏文章,作品散见于中国台湾、香港、大陆和泰国及欧洲等地报刊。1982年、1992年分别以游记《沙漠中的小白屋》和小说集《燃烧的狮子》获新加坡书业发展理事会"书籍奖"。

君子之交,不必要求"水乳交融"。

让水是水,乳是乳,才能彼此尊重。倘若不安本分的水硬硬地要把乳澄清为水,而不甘寂寞的乳又硬硬地把水浊化为乳,结果呢,两败俱伤,水不是水,乳亦不会是乳。

心智成熟度不足的人,在择友而交时,不明白这个道理,盲目追求一种"不分你我"的交情,幼稚地想在外表和思想上同化对方。

她在你耳边喋喋不休地把她的人生观与价值观灌输给你,她很努力地在谋杀你的"自我"。她把你和她不同的地方看成是你性格里的"癌",她用以财交者,财尽而交绝;以色交者,华落而爱渝。

——《战国策》

一把唤做"忠告"的宝剑去割去砍去捣她眼中这块"恶化瘤",弄得你鲜血淋漓,痛苦万分。

然后呢,她会送礼,送你吃的,送你穿的,在口味上、在品位上,影响你,同化你。等到你和她好似孪生姐妹一样,同进共出,便算大功告成。然而,这时,两人的关系,已不是朋友了,你在不知不觉间,已变成了她的"私有财产"。这时的友谊,表面上看起来,非常的美丽,但是,它仅仅是建立在"镜花水月"的基础上。有朝一日,你突然清醒了,知道自己是浊化的水,你悄悄地进行"自我净化","净化"的工作一旦完成,友谊立刻化成黄鹤,一去不返。

真正的友谊,是需要保持一定的距离的。有距离,才会有尊重;有尊重,友谊才会地久天长。

尊重的具体含义是:语言有分寸,行为不干涉,思想不入侵。

过火的玩笑、伤害自尊的忠告、传播恶毒的传言,都是没有分寸的语言;而在思想与外表上同化对方,无异于将友谊强行"奴化"。

交友之道与婚姻之道,是殊途同归的。你若是水,继续做水,她若是乳,也让她继续做乳,不必融在一块儿的。

谈 友 情

□(台湾)罗 兰

有一阵,我连续接触到许多件关于友情的问题,使我突然觉得,友情在一些人心中所占的分量,似乎比我平常所想到的要多许多倍。

我发现,这些为友情苦恼不已的人,在心理上有两个因素。一个因素是寂寞,另一个因素是太缺少自信。寂寞使一个人把全部生活的重心都放在友情上,缺少自信使一个人对友情患得患失到无以复加的程度。以致一旦失去了友情,他们就找不到自己。

没有一个人不知道朋友的重要,但是,在我接见了这几位为友情苦恼的听友之后,我觉得,如果一个人太依赖友情,那他从友情所得来的并不是快乐,而是更多的苦恼。

我屡次在谈话中特别强调"一个人把快乐寄托在别人身上,总难免会失望"。这"别人",包括所有的人——朋友、父母、子女、夫妻,一切……快乐要求自己。

交朋友,应该。爱朋友,可以。

为朋友付出一切,值得!

但是,你不能没有自己。

不但要有自己,而且要信赖自己!

因此,我要修正大家所经常相信的一个观念,我要劝大家不要总是主动地去企求友情,而要让友情自动地来临。

你可以与朋友处在一种互相吸引的地位，最好是让自己先具备足够吸引朋友的条件。换句话说，先要充实自己，让自己有光芒。这样，在交友方面，你才进可以攻，退可以守。你才不会为友情忧虑紧张，不可终日。

不久以前，有一位在大学读书的女生来找我，她有一张可爱的笑脸，和柔和甜蜜的声音，她很喜欢活动，也不缺少朋友，但是，她说她苦恼，而且很苦恼。

我们谈了很久，起初我很困惑，觉得既然你不是不喜欢活动，又不是没有朋友，又没有恋爱上的困扰，那么究竟有什么可苦恼的呢？她自己也说不出，只是说她很苦恼，说她不如别人，又说她没有别人那么容易吸引朋友。

她一直问我，怎样去获得朋友，怎样才可以讨人喜欢，尽管她事实上已经有很多朋友，而且她本来就很讨人喜欢。

于是，我忽然了悟，就是因为她太希望讨人喜欢了，所以她才苦恼。她希望有更多的源源不断的友情，才可以使她有安全感。

知道了原因之后，我开始告诉她，一个人应该先相信自己，先建立自信，先希望去完成自己；把精神和心力用来发掘自己的内在，培养自己的兴趣，充实自己的内容，为自己建立一个目标，开辟一条值得自己去走的路。在这过程之中，你自会逐渐地显露你的特色。你的坚定、自信，你的充实，以及你那种有目的的生活方式，都会形成一种夺人的光芒。这光芒，就是一种力量，它会使你周围的人对你产生一种向心力。于是，你就成了一块磁石。凡在你磁场中的金属，都会自动地归向你。

这样不但所得来的朋友是真朋友，是性情相投的朋友，而且，由于你对朋友无所奢求，所以你心中就不会有患得患失的苦恼。

换句话说，要用吸力去交朋友，而不要用施舍恩惠或阿谀的方法去求朋友。

要使自己为主，至少要使自己和对方吸力相等。这样的友情才可轻松自然而持久。

不要希望每一个人都是你的朋友，友情应该顺其自然。如果你觉得环境中的某些人是高不可攀的，是谈不来的，是没有味道的，是你遇见他几

次也记不住他是谁的,那么,你也用不着为这些人去为难紧张。你觉得和谁在一起最自然,最快乐,就和谁在一起。如果没有这样的人,那也不是你的错。你可能会在别的环境里发现与你志同道合的朋友。

凡事我们对它所抱希望太高,就难免会失望。把一件幻想中的事物想得太美,回到现实的时候,它就难免会幻灭。对一切事,与其沉醉于它的空中楼阁,不如对它采取一点保留的态度。朋友也是凡人,不要把朋友加上太多的幻想。这样,你们的友情才可经得起现实的考验而能维持长久。

爱朋友,喜欢朋友,用诚意去对待朋友,但不要依赖朋友,更不要苛求朋友。能做到这几点,你才可以享受到交友的快乐。

维持友情的另一要诀是"保持距离"。

无论两个人怎样要好,彼此之间那点应有的尊敬总是不可少的。

许多人,和朋友一熟,就不分彼此了。当初认识时的那点礼貌与分寸也不注意了。朋友一到了互相没有敬意,不注意礼貌与分寸的时候,就快要发生误会与摩擦了。

这种礼貌与敬意,包括很多小节,像说话的态度、拜访的时刻、彼此任何一方心绪不好时的自制;对方有错误时,纠正的技巧;以至于应有的夸赞或安慰。这些,都不能因为双方熟了,就不再顾到。

许多本来很要好的朋友,忽然闹翻,都是由于双方过于厮熟,因而忽略了敬意、礼貌,与分寸。

孔子说,唯女子与小人为难养也,近之则不逊,远之则怨。

我们也不妨反省反省,在与朋友交往的时候,是否有"近之则不逊,远之则怨"的倾向。

如果能做到"虽然人家对我们很亲近,而我们仍能与对方保持适度的尊敬;或当对方对我们保持距离的时候,我们仍能处之泰然"。那么,我们就称得上是君子了。

交朋友和对待其他任何人一样,都应多为对方设想,少为自己设想。

你如果爱你的朋友,你应鼓励他向上,不影响他的工作或学业,不影响他的家庭,帮助他使他快乐,但不必因一心想要把他据为己有,而患得患失。

为友情的得失而忧虑的人,是因为他缺少一种"自持"的力量,缺少一个人所应有的自信与坚强独立的精神。

朋友是求不来的。朋友失去了,也只好让他失去。

一个人,必须先有自己,而后才可以有朋友。有些人把自己全部依赖在朋友身上,一旦这朋友离弃了他,他就茫然失措了。

朋　友

□（台湾）吴淡如

吴淡如　女,1964年生,台湾宜兰县人。台湾作家,著名的电视台、电台节目主持人。已出书多种,大都是畅销佳作,如《真爱非常顽强》等。已连续5年获金石堂最佳畅销女作家第一名,被誉为"台湾畅销书天后"。

基本上我仍有"乡下孩子"的单纯特质,见过面就有三分情,就是朋友。

除非……

住在城市这么些年,知道每一个勉强下的定义几乎都附带着但书。附带但书,是因为吃过了些苦头,也因为洞察了些世故,了解天底下一样米养千万样人——上天造人是"有物有则",有的相近,有的相悖,有的人彼

此凑在一起会活得更加愉快,有的则会像斗鱼一样两败俱伤,他的"我"与你的"我"两相妨。

相信上天自有主张的人,必相信,不是每个心灵上的"人种"都可以放在一起。

就把这种冥冥中的定理定义为"磁场"吧。不然,无可名之。

"磁场"也是奇妙的,有些人你第一眼磁场不对,后来因缘际会,成为你的知音;有些人,一碰了面就与你展开一场友谊的热恋,结果,因为某些事件,你发现他不是你想象中的人。你们的亲密关系,原来只是想象力天马行空的结果。

有时怨不得他人,他并没蓄意骗你,只是他没你想象中那般义气,或他有他的"难处"。

而所谓"难处",若非事到临头,很难现身。冠盖满京华时是朋友,在斯人独憔悴时未必是朋友。

有人感叹,"人生如鸟同林宿,大限来时各散飞";有人在朋友"背信"时咬牙切齿地指责"最好的朋友将是最坏的敌人",再也不相信朋友,交友时如临深渊。我只觉人生变数实在多,对朋友可以持平常心,不要太在乎别人对你的誓言是否永远不变,万一患难时见不了真情,大不了不要再对他推心置腹就是了。就算丢了一个朋友,也别变成一只哓(xiāo)哓不休的恶狗,一直吠到连没辜负你的朋友都怕。

当一个人的人格中失去继续信任人的能力时,他同时也没有办法容忍任何的友谊。

我常觉"信任"是人和人眼眸言语交会时所产生的,最美妙的化学作用。

信任,说来简单,其实复杂。没有自信的人,很难信任没有血缘裙带关系的人;对人生不能开敞心胸的人,也终生无法品尝信任的美味。信任,须先明白,自己的眼光未必都是对的,若一时错,也别念念不忘,提防着一错再错。

信任,是可以像庄子所说的,相濡以沫,不如相忘于江湖。当人生路并肩而走时,享受挨挨蹭蹭的感觉,就算人生路各奔前程,相隔万余里,多年不见,仍是朋友。

　　偏偏有些人以为，朋友就只能挨挨蹭蹭。有些人谈恋爱，也只爱挨挨蹭蹭。不能天天相见，就开始心生疑窦，十天半月不见，或每周只能见一次，就担心感情不能持之以恒。他们一定要时时"不离不弃"才叫朋友。

　　我们野心勃勃地想要天长地久的感情，却只会用眼睛谈感情，看不见，就认为会失去，是我们面对情感时最大的矛盾。

　　那不是有厚度的感情，只是控制欲。

　　每个人对朋友的定义不一样，竟是我最近才察觉的。

　　对朋友的定义其实等于你对这个世界的信任度。

　　在一个很偶然的机会里，有个很熟的同性朋友问我一句她大概酝酿很久的话："你到底有没有把我当朋友？"

　　我直觉地吓了一跳，心想，我是不是做了什么对不起你的事？怎么认识了这么久，忽然用这句话来拷问我？

　　像一只鱼，忽然被猫用爪从鱼缸里捞起来，丢在干硬的地板上一样，张着嘴，奇怪着自己为何呼不出泡沫来。我的思绪在严重的混乱后空白一片，呆呆地看着发话的人。我想知道她为何问这句话，却又不知从何理清她的问题。

　　"我们不是朋友，那是……是什么？"我瞠目结舌，问。

　　"所以我问你我们是不是朋友呀？"

　　"朋友……那你对朋友的定义是什么？"我感觉我们的交流电波发出沙沙沙的短路声音，所以我企图用点理性找出真正的断电原因。

　　"哦，比如我跟某某，她跟我无话不谈，连她和她男友的一些小事，她都会一五一十地告诉我……"

　　我思考着她的定义——真糟糕，照她的定义，我这一辈子大概没有所谓的朋友。我没有"无事不谈"的朋友。有的朋友可以谈文学；有的朋友可以谈人生也可以谈怎么大血拼；有的朋友可以一起扮演三姑六婆；有的朋友可以互相嘲谑；有的朋友是最佳玩伴，但我发誓绝对绝对不要跟那种"一疳天下无难事"的人成为工作伙伴；有的朋友喜欢慷慨激昂议论时事，我虽甚无兴趣也得忍着听让他快乐；有的朋友偶尔在背后说你一点小话但也不打紧；有的朋友本身永不改掉我最痛恨的重男轻女习气，但我骂我

的,她做她的,在我们分享香喷喷的奶酥面包时,我们和乐融融,一点歧见也没有。

我交朋友几乎是"法律面前,人人平等",除非他所制造的不适感尽是负面的——一看到他,你就觉时日维艰,度日如年,那么大家最好"各自寻须各自春"。

"你到底有没有把我当朋友?"

"我……我……可是按照你的定义……真的要一五一十才是朋友吗?"哎呀,怎么可能。我从来没跟朋友报告过:A君某月某日牵了我的手、吻了我的唇;我也觉得一个人应该有隐私权,不然所谓的朋友体系正好形成欧威尔《一九八四》中秘密监视系统,一个朋友等于一个扛在你身上的隐藏式V8摄影机。

"我对朋友是很挑的。"她说。

相对之下,我大概得承认,我对朋友几乎是不挑的,不预设任何立场,除非磁场大不相同,除非相见不如不见。

她应该是想告诉我,"挑"上我做朋友,我应觉光荣。没错,有她这个朋友我觉得很不错,但"很挑"两个字,让我感到自己是水果摊里被人拣来选去的水蜜桃,要新鲜完美才有资格卖掉。

原来,当"朋友"也可能是一件很有压力的事,我由此恍然大悟,有人对朋友的定义与我绝不相同,他们挑朋友的逻辑是:除非你如何如何,否则你就不是朋友。与我"先天性"对朋友的定义:"你是朋友,除非你……"大相径庭,他们用的是筛选法,我的或者该叫消去法。

我想我对这世界较为信任,虽非事事天真。

我也发现,有些朋友之间存在着微妙的竞争心,也碰过有些则总是把朋友当对手的人,你的光芒不能盖过他,他必须鹤立鸡群。有些人需要朋友,又处处防着朋友爬得比他高,也听过有的女生"她找不到男友是她的事,却处处阻挡我嫁出去"的怨言飞语。

老朋友是经过时间与个人荣枯考验的朋友。

开朗乐观的朋友绝对是益友。

在朋友渡过人生难关时,我知道,有时不要急于两肋插刀,只要给他"Stand by me"的感觉。为朋友太积极而害事的例子,我就看过。比如A快失恋了，你急急替 A 去骂他的情人 B 水性杨花、喜新厌旧。到头来是害了 B 与 A 决裂得很难看。

朋友间尽量不要有金钱大往来，不是丢了钱，就是丢了朋友，通常，两样都丢。

你可以帮朋友渡过情绪障碍，却不能一直成为他的情绪风向标，随他东西南北乱转，不然，他养成习惯做无主孤魂，你也会因长久受精神勒索，半夜里接他哭诉电话而六神不安。

以上所说的"朋友"二字，换成"情人"也无何不可。

我其实并不爱为感情的种种名词下太明确的定义，只因下了定义，就有拣择，有拣择，就有利之所趋，就不是真情流露，所以我未问过人，你当我是朋友，或你爱我吗，为什么爱呢？

能讲出为什么而爱而相知的，就伧俗了。

过眼滔滔云共雾，算天下知己吾与汝——我一直很喜欢这一句话的大气，只因过眼滔滔云共雾，啊，你必说，是因昨日你供我一个李，还是今日我还你一个桃？写字写得哓哓不休的我，有时很怕答，为什么……也许不为什么，就为我高兴与你一起微笑。

青少年受益一生的 名人交友之道

交友距离

□申力雯

申力雯 女，1949 年生，河北秦皇岛人。当代作家。出版有小说集、散文随笔集《女性三原色》、《女人的四十岁》、《女人的穴位》、《京城闲妇》等，曾获《当代》文学奖、特区文学奖等多个文学奖项。

突然之间，你会发现人与人之间的接触逐渐地多了起来，现代社会人与人之间需要更多的信息，更多的互通有无，于是空间一下子变得拥塞了。当今正是社会转轨时期，价值观念如此的多元，如此的怪异，生产与生活的竞争，使人的内心产生各种各样的困惑，内心的荒凉与孤独需要向朋友倾诉，于是朋友这种称谓骤然间密集起来。

朋友在认知和接受上都难免主观，不像师生、父母、手足那样明确了然。世界上任何一种事情都有自己的规则，遗憾的是许多人不懂交友之道，常常把朋友这种本来就脆弱的关系，搅得很尴尬。

电话是一种通讯工具，有人自以为是朋友关系便可以随时拨动话机，甚至是在午夜也可以为一介小事而喋喋不休，他（她）或许因宣泄而畅快了，而对方却因这突发的闯入彻夜不眠，次日的工作又该如何应付？

家是属于自己的空间，绝不是别人可以随便出入的公共场所，家具有鲜明的个人属性，有时别人的随意造访即使出于好意，也会使我们的生活秩序全部被牵动，这种人情的交换，会使我的心里感到很紧张。

家中的藏书、激光唱盘也像家中其他东西一样具有个人属性，造访者不得因它具有文化审美娱乐属性就随意借取甚至名借实拿，这给主人的工作生活带来许多不便，这样的朋友我便觉得是一种负担了。

生活本来就紧张，时时还要戴着面具，在外应酬好像穿着高跟鞋走长途。和朋友在一起的感觉好像是换上了宽松的衣服踩着软软的拖鞋，靠在沙发上喝着柠檬茶，朋友的可贵在于轻松自由，最不可取的就是强求霸占。

距离是维持朋友关系最重要最微妙的空间，一旦空间被挤压被侵占，友谊的大厦就会倒塌，遗憾的是有些人不善于调整距离，恨不得朝朝暮暮泡在一起，这便犯了交友的大忌。

朋友之间长久相处的秘诀就是距离，绝不是频繁的接触，人像刺猬一样靠得太近就会相扎，离得远一些就会有一些牵挂。

世界上没有一种关系是可以永远不变的，朋友是一种随时可以改变的关系，也是一种难以真正确定的关系。"君子之交淡如水"是一句朴素的真理，当人忽略了"距离"就会使朋友之间轻松自如的关系变得紧张、压迫，充满了危机。

朋友之间最高的境界像淡淡的清茶，浅浅的溪流，没有要求，没有利害，没有是非，相聚只因随缘，好像在春雨中的竹楼里品茶浅谈，又好像在大雪纷飞的冬日围着通红的火炉促膝谈心，品尝着火锅中翻滚的羊肉片，舒展的白菜，白嫩的豆腐。

朋友之间忘记距离，人就失去了自己的空间，会有窒息之感，甚至有一种被侵略的感觉。人最终和更多的时候是自己和自己在一起，那是最平静、最永恒的时候，在自己的空间里可以养伤，可以充电，可以修复，可以反省，可以放纵自己的身心，朋友则是一种随意性的调剂和需要。

朋友之间的反目，经常可以听到，"我对他如何如何，没想到让我这样失望伤心"。怪的只能是你自己，对朋友是不能有要求的，一丝一毫都不能，朋友之间，一切出于自愿，能够帮助别人是件快乐的事，何必图人所报，朋友的聚散离合随时间空间的变化而变化，不要在变化中索取一份承诺。

朋友之间绝不能过问金钱之事，当然不是说朋友之间没有通财之义。

第五辑　人至察则无徒

如果确实有急难，总要对方主动解囊相助，千万不可主动张口，否则让朋友为难，不仅使自己平添了一份难堪，又使彼此的关系陷入尴尬。

尽量减少朋友的麻烦，除非迫不得已，能住在旅馆，不要住在朋友家（除非旅馆太不安全）；能在饭馆吃饭不要在朋友家进餐（除非朋友相邀在先）。凡事多为别人想，不必抱怨人情太薄，人情本来就是一件季节性的外套。

在现代社会里，竞争激烈，谋生不易，收入有限，空间狭小，时间和精力都显得不够支付，我们尽量减少朋友的负担，不要抱怨朋友，因为他们自顾不暇。

至于那些来往密切的朋友，不外乎有两种情况，一是深知，二是容忍。

如果你用挑剔的目光，去挑选十全十美的朋友，那你将没有一个朋友。

朋友，让我们一起成熟起来，牢记交友之道——距离。

论 友 情

□严文井

严文井（1915~2005） 原名严文锦，生于湖北武昌。著名儿童文学作家。创作了《蚯蚓和蜜蜂的故事》、《小溪流的歌》、《南南和胡子伯伯》等许多优秀儿童文学作品，多次获奖，并被改编为电影、电视剧、美术片和连环图画。

一个人烦恼的时候总比他快乐的时候多。我们常常愿意从自己喜爱的人那里得到安慰和温暖，正如有时我们也不吝啬给他们一些关切和同情一样。我们几乎没有人不喜欢从别人那里接受那种可以支持自己,帮助自己生活得更热烈一些的友情。于是我们极力要求自己的朋友慷慨,虽然自己付出的并不太多,总还是感觉自己得到的还不十分够。希望里的东西永远是比那已经存在着的东西要丰富一些,完美一些。我们爱朋友,但更爱责备朋友。我们生活在人当中,而又叹息自己孤独。我听过好多人诉说他们心上的沉重寂寞。

真正的寂寞的确不是一件好东西。它待人很冷酷,也使人变得冷酷。它容许人思想,却不给人以力量。当工作过度时我们也许会不大喜欢吵闹的声音,会想起怎样离开人们去独自休息一会;但疲乏时所需要的安静,所需要的一个人待在一个地方休息,却不等于寂寞。寂寞对于一个人所造成的灾害不比一场伤风轻。假若我被迫非从两者当中挑选一样不可,我宁可挑取后者。在许多亲人的关切中害一场小病,那简直是一种难得的幸福。我不愿意做一个没有病痛的鲁滨孙。我们也许会为自己的信仰遭受磨难,我们却没有必要去欣赏那个待在荒野里苦修的圣安东。如果我们要去寻找智慧,还是让我们首先去寻找那有人群住着人的地方吧。

寂寞一辈子的人是没有的。试一试回想你的过去:在你黄金的童年,你是不是有过一个玩伴儿,和你共同逃过学,共同到小河边捉鱼虾,扔石片,然后又共同去受责罚?当你长高一点以后,是不是有一个两个荒唐的梦想家,时常和你在一起作漫长的散步,谈说一个美丽的小姑娘,谈说那宽阔的海洋,谈说那不清楚的未来。你们共衣,共书籍,甚至晚上共失眠?随后,你是不是有这样一两个勤快的通信者,彼此按时寄去一些过重的信,讨论那么多的问题:人生是什么?爱又是什么?等等。有啊,那是如何欢乐,如何值得令人想念的一瞬间啊!那都已经成为过去,如同梦幻,它已留不下什么了!

有些事情是来得太早一点,我们多数人都是显得成熟得太快了一些。这不能责备我们自己。如果的确是有些什么事物令人烦忧,又何必追究这个人的不善欢笑!是因为不断遇着坎坷,我们才不欢喜跳跃。意志所能对人做的事到底是有限的。我们听见那些二十几岁的年轻人说自己衰老了的话不要发笑吧!那种阴暗的心境显然对他是不适宜,但其中也还有些严肃的,值得想一想的事情在。原谅那些不快活的人对别人稍微有点过火

吧，原谅他们有时对别人不太注意，有时对别人又过分苛刻吧！他们太爱人，因而才发现人的不可爱处。他们因为太喜欢朋友反而不能找到朋友。

朋友是不难找到的。如果你不只是专门期待着，你将发现在凡是有人的地方都可以找到朋友。比如出门，你只要先向你对面那个同车的，或同船的人打招呼，他又对你没有成见，岂会不愿意和你谈谈天。如果他随着拿出了他的纸烟，你怎么又会吝啬得不打开你的罐头。何况现在大家都不是在一次为自己的旅行中。我们正在一条长路上行进，如同一次出征，同行者和我们可以拿出互相保证的是彼此的生命，对于任何患难我们都将要共同担当。我们也如同往一个圣地去朝香顶礼，同行者和我们所共同的是一个最高的、最坚定的信仰，一个最美好的、最伟大的理想。世界上哪有一种旁的朋友比这样的同伴更可贵！我们通常和什么人之所以能做朋友是因为他和我之间有一种共同爱好的东西。一本书，或者一种特殊的趣味。最好的朋友之间所共同的应该是一个事业，一个理想。对这样的朋友更确切一点，我们就称他为同志。

爱我们的同志吧！珍惜我们彼此间的情感。当大家彼此都不太有钱的时候，不要责备他不豪爽。如果责备，不如责备自己，看自己有什么能对他尽力的地方还没有尽力。如果他一向精神不大好，不要过分要求他对你热烈。我欣赏古人那种"淡淡如水"的友情的境界。当然我们相交也可以随便一点，吵吵嘴再和好，和好了又吵吵嘴，但那次数也不可太多，或者口气太过分，以至到损伤人的程度。我自己既然有些独特的癖性，为什么我的朋友又不能够有？让我们不要为任何一点小意气，一点神经过敏，失掉一个十年的朋友吧！十年，在一个人的一生里不是一个小数字。更不要随便失掉一个初认识的同志的友情，因为比较深的相互了解还得经历一段时间。一点点友情，即使它细小如同沙粒，也不要让它从我们手里漏掉。有它，我们将活得更有生气，工作得更有信心。如果你偶然受伤或摔跤，就可以直接从它懂得这一点点痛苦的意义，它将使我们从疲劳中振作起来。当我们软弱的时候，将依靠它的扶持而重新变得坚强。

关心我们每一个同志吧，那都是朋友，不要嘲笑他们，过分挑剔他们的短处。你看，他也许喜欢多说几句话；他也许容易为一点小事就惊叫了起来；他也许太容易发脾气；他也许太容易流眼泪；他也许偶然会对人撒一个小谎;他也许有点古板;他也许有点笨拙……那都算得了什么呢! 那些毛病也许我自己都有。我既能原谅自己,为什么对朋友又如此不信任呢? 他们都是我的朋友。今天他们有同我生疏一点的,明天他们就要同我熟悉起来。事情的真相就是这样。

我们不是寂寞的。

请好朋友来"数落"你

□唐　汶

唐汶　资深心理咨询专家。曾就读于北京大学心理学系,后获得美国芝加哥大学心理学博士。著有《学会选择　学会放弃》、《一杯浓茶,八味人生》、《没有不能改变的人生》等多部畅销书,深受读者好评。

学会适时地去依靠别人,是一种谦卑,更是一种聪明。

假如你还发现不了自己身上的缺点,就像手电筒,光能照亮别人,可总是照不到自己。这可怎么办呢? 没有关系,请你的好朋友来帮帮忙吧。不要以为这是件很简单的事情,你要想听到朋友的真心话,是得下一番工夫的。否则的话,好朋友聚在一起,如果气氛掌握不好,让人觉得特别奇怪和别扭,有人觉得像是鸿门宴,哈! 哈! 那就不好办了。不仅会给朋友留下不好的感觉,而且还可能影响了你们之间的友谊。假如你形成了听取好朋友意见的习惯,不仅能给你带来很大的帮助,而且因为朋友的意见有助于你

改进缺点，这个好习惯还可以使你受用终生。

我国古代的齐景公也是一个乐于采纳别人意见的人。齐景公爱喝酒，连喝七天七夜不停止。大臣弦章上谏说："君王已经连喝七天七夜了，请您以国事为重，赶快戒酒；否则就请先赐我死吧。"另一个大臣晏子后来觐见齐景公，齐景公向他诉苦说："弦章劝我戒酒，要不然就赐死他；我如果听他的话，以后恐怕就享受不到喝酒的乐趣了；不听的话，他又不想活，这可怎么办才好？"晏子听了便说："弦章遇到您这样宽厚的国君，真是幸运啊！如果遇到夏桀、殷纣王，不是早就没命了吗？"于是齐景公果真戒酒了。齐景公知过能改，肯虚心接受他人的劝告，这种宽大的度量值得我们学习。连古代君主都能有如此大的度量接受别人的意见，你为什么就不可以呢？

在生活节奏越来越快、竞争越来越激烈的今天，我们在事业上要承受很大的压力，譬如公司实行的"up or out"政策，使员工每天都不敢懈怠，万一哪个月业绩下降，就会面临下个月被辞掉的危险。而家庭的压力也不小，这实在是让人感到头痛的事情。依靠个人的力量解决工作和生活中面临的所有烦恼和压力，几乎是非常吃力的事情，所以很多工薪阶层都感到身心俱疲，有的甚至因为压力过大，无法缓解和释放，轻易地选择了结束自己的生命！这种做法是非常不负责任和愚蠢的，当你被压力和烦恼压得透不过气的时候，不要忘了你的好朋友！他们的存在让你的生活充满乐趣、充满希望。同样的，他们也是你在人生低沉的时候可以依靠的、信赖的伙伴。不妨让他们替你分担一下你的担心和烦恼吧。这样一个人的烦恼就变成了两个人的，甚至更多的人来替你一起分担，这样你肩上的负担不是更轻了吗？相信你的朋友会给你建议，会从另一个角度提出更有效的解决方法，还有可能会给你提供其他的资源，帮助你渡过难关！

用真诚的语气、平等的态度去获得朋友的帮助，这样的道理，我以前就知道。在帮助别人的时候，要让对方不会感到受到恩惠，而是平和地接受。今天才发现，原来我只是知道，而并没有真正地做到。别人不喜欢一直受到指使。朋友之间应该互相支持，不应该去做一个教导者，那样的态度会让任何人都感到不舒服。我应该更多地寻求他的帮助，别人的请求会给人们以使命感、充实感。人字的形状是互相支持，说得没错。主动去帮助别人固然是一种美德，但是会让人感到压力。

除此以外，朋友还会帮忙改正你身上的缺点。就像前面所提到的那样，烦恼不是平白无故产生的，那么当问题出现的时候，马上寻求别人的帮助是一种解决问题的快速方法，但是更本质的在于，尽快找到问题产生的原因并尽全力根除它！所以你更应该请你的朋友来帮忙"数落"你，"数落"你身上的缺点和不足，让你更清楚地认识自己。我们交什么样的朋友？什么样的朋友是益友？能够一起同甘苦、共患难的当然是好朋友，但诤友更为难得。因为他们冒着会和朋友翻脸、使友谊破裂的危险对你提出意见，而且是非常客观地、一针见血地指出你身上所有的问题，当然会招致你的反感和讨厌。不过，这样的诤友是打着灯笼也很难找得到的呀。所以请你记住：如果朋友给你指出缺点和错误，可不要翻脸哦，因为诤友难得！相反，我建议你请他喝咖啡。因为他很有勇气，对朋友很真诚，所以才会给你提出建议、批评。

凡是成功的人士，大多都有一段人生低谷的阶段，然后得到了支持和帮助，走向辉煌。也许在奋斗的过程中你可能还没有意识到诤友的益处，因为你更多地关注目标和自己的努力，但是当你获得成功之后，身边有异议的声音会少很多，因为害怕你的权威和考虑到利益关系。这时候你会觉得身边有位诤友是多么重要和珍贵！至于自己的朋友，因存在着彼此信赖的关系，因此他们会直接地、毫无顾忌地指出你的缺点。若有人指出你过去从没发现的缺点，你会有什么感觉？也许有些人会产生很强烈的反感。但如果对方是你尊敬而又信任的人，你可能会对他的诚恳和关心而深受感动。当然，如果对方所说的并非如此，那倒也没什么影响，但如果他指出的确是事实，那你对他的敬意和信任就会加深。相反的，对于自己已经知道的短处，再被人明说出来，则会产生反感，甚至气愤。如果你想成为一个成功的管理者，你必须要努力克服自己这个心理，才能心平气和地、冷静地面对批评和指责，找到正确的解决方法，而不是彼此互相指责和埋怨。

生活中懂得利用朋友的批评和力量的例子非常多。一个小女孩跟着妈妈到杂货店去买东西，那家店的老板看见这个小女孩很可爱，便让自己的儿子抓一把糖果给这个女孩，但是老板家的男孩听了父亲的话后还是站着不动，于是老板就亲自动手，打开了糖果罐子，抓了一大把糖果放进了

女孩的口袋里。等母女俩走后，老板很好奇地问自己的儿子："为什么你不去抓糖果，而要我去抓呢？"男孩回答说："因为我的手小而你的手大，你可以抓得比我多呀！"

友谊需要维护

□ [美]约瑟夫·纽顿

约瑟夫·纽顿　美国圣公会教牧师、哲学家、作家。他一生辛勤笔耕，共完成了 80 余本书。在《费城晚报》上开辟专栏，为普通百姓指点迷津。著有《人生的 32 条准则》、《过好生命中的每一天》、《做人的准则》等。

"先生，一个人应该经常整修他的友情。"

英国文学家约翰逊博士的这一句话，在我儿童时期便已进入我心。从那个时候起，便对我有约束的力量。我想，可能是因为措辞非常拙笨，所以第一次读到这句话便引起了我的注意。友谊真需要锤子和铁钉加以修理吗？约翰逊的意思是要我们像政客那样到处奔走，以修补友谊的篱笆吗？我想友谊的发生往往是非常自然的，并不是经过人工制作出来的。

可是这句看来简单却又使人迷惑的话，老是盘踞在我心里。有一天，我突然明白了它的意义：你不能把友谊看做是自生自灭的。友谊需要维护，即使人的关系像合起来的手这样密切，也会失去联络，因为人可能会分离。友谊不能出钱买，也不能凭命令来指挥，而且友谊很容易失去，所以种瓜得瓜，种豆得豆。种下优惠的友情，得到仁惠的友情。
——郭沫若

必须时时更新，太迟了就不行了。

那么，人们是不是需要为了刷新友谊而奔走？传记作家描写约翰逊博士说："如果那一天他的衬衫很干净，他就在到处拜访友人。"这是他的方法，可是我认为维护友谊的细节却不太重要。健全的友谊包括许多不容易解说的行为，最紧要的是心意——要保持某种珍贵的、彼此关联的东西。

朋友会彼此忆念，互相切磋。在这种情形下，我们才能真正享受到友谊。

世界上没有比这更重要的了，因为正如有人所说："失去一个朋友，你便丧失了一部分生命。"这句话的另一面也是正确的："如果你能保全一个朋友，那么你的人生便会更丰富，更有价值。"

第五辑　人至察则无徒

友谊需要维护，即使人的关系像合起来的手这样密切，也会失去联络，因为人可能会分离。友谊不能出钱买，也不能凭命令来指挥，而且友谊很容易失去，所以必须时时更新，太迟了就不行了。

第六辑
近朱者赤

朋友是上苍赐予我们的特殊礼物,然而,结交到好的朋友却不是一件容易的事情,选择得当可以受益匪浅,交友不当则会祸害无穷。难怪孔子也发出如此感叹:"君子慎取友也。"与谁为友,需要经过慎重选择。

志同道合、情趣相投是择友的一个必备标准。志向不同,情趣有变,友谊是不可能长久的,早晚会分道扬镳。此外,交友要以道义之交为准则,君子当以道相交,绝不可等同于小人的以利相交。

友谊，需要我遵循俗套是困难的

□ [荷兰] 凡·高

凡·高（1853~1890） 荷兰画家，后印象派三大巨匠之一。受印象画派和日本浮世绘的影响，先用点彩画法，后变为强烈而明亮的色调，以跃动的线条、凸起的色块，表达主观的感受和激动的情绪。其画风曾为野兽派及表现派所取法。后因精神病自杀。代表作有《向日葵》、《农民》、《邮递员罗兰》等。

我要寻找和保持真正的友谊

与朋友断交，这对我来说不是一件容易的事情。但是当我走进某位朋友的画室时，如果只能讲一些毫无益处的客套话，而不能畅所欲言地发表自己对艺术的真实感受，那不如让我直接离开更让我好受。

我要找寻真正的友谊，要求我遵循俗套是困难的。我坚持认为，只要有俗套渗透的地方，就不可避免地存在着相互的不信任，这是引起各种纠纷的直接原因，而这样的结果只能是以悲剧收场。因此，人与人之间的交往很难保持愉快。

在我看来，画家之间理应建立一种感情，一种真诚而友好的感情，遗憾的是,如今这种感情却在慢慢地被蚕食。

在恩德霍温有三个人跟着我学画画。事实上我在这里授艺分文不取,但是我却收获了真正的友谊。不要认为我在交朋友这件事情上有什么损失,恰恰相反,当我与他们进行交流的时候,我感到自己有了更加旺盛的创作激情。

完全隔绝与画家的往来和与绘画世界的接触,这是一件无法让人忍受的事情。当然,单枪匹马式的努力,也并非一定不能成功,只不过成功的过程要缓慢一点罢了。事实上,多年来我一直是单枪匹马地在艺术上埋头耕耘,眼睛是我观察外界事物的唯一凭借,我按照所观察到的事物的本来面目进行创作。因此,从其他人那里学习一些东西,对我来说是迫切需要的,哪怕是有一些艺术价值不高的作品可供临摹也聊胜于无。

让我深感痛心的是,由于我在创作上似乎没有成果可言,我失去了与人们普遍地搞好关系的基础和机会,这件事常常是我苦恼的根源。

我时常被失望和灰心的情绪所包围。尽管事情也许并不如我所想象的那样严重,但是一切有关我作品的评价,以及他们对我本人的印象,都是我极其敏感的。一旦我遭到怀疑,一旦我被人们所孤立,我将在某种无助的精神空虚里挣扎。

我所需要的不是心灰意懒,而是理性的、在失败面前永不言放弃的坚韧。我觉得朋友之间应该互相信任,互相鼓励,并且对所从事的事情充满必胜的信心,这样,他们才会激情飞扬,干劲十足。

我注定今生不可能有更多的朋友

与艺术家交朋友是一个不错的主意。这样我将有机会在一间好的画室里继续学习。我是指有好的作品可供欣赏,并且看一个艺术家如何进行创作,自己无疑会有丰富的收获。你不仅可以发现自己缺少什么,还会知道如何创作出更优秀的作品。

当我前去拜访罗埃洛夫先生的时候,从他那里得到了不少很有价值的意见。他认为我应该把写生作为自己的重点,坚持画石膏像或者模特,同时也需要一个行家来对我进行指导。他以及我其他不少朋友都建议我去

美术学院学习。即使这件事不一定成功，但也是值得考虑的。在布鲁塞尔，可以找到许多免费授艺的地方，那里光线充足、温暖舒适的画室，对我来说无疑是一种诱惑，尤其是在冬天到来之时。

一个富于艺术氛围的环境，是我迫切需要的，这种感觉越来越强烈。一个人如果与有成就的艺术家接触并有幸成为朋友，他将获得某种发展机遇。否则，单是有美好的理想就想取得成功是远远不够的。

提奥似乎不太同意这种观点，他曾经这样告诉我，不要与画家们保持太多的交往，这对你来说并没有多大的益处。我认为这句话说得不无道理，但是，我们也应该看到，同画家们保持一定的往来，肯定也是有益无害的。同一个人谈论你的作品，如果他恰好非常了解你的水平，那对于你来说，这无疑是一件惬意的事情。特别是如果他们志趣相投的话，他们便可以从彼此那里得到鼓励。

经常性地离开自己的祖国不是一件值得称道的事情，我认为祖国不是一个单纯的地理概念，那里也一定存在追求和感受相同东西的人们的心。在这样理解的时候，祖国的概念才算完整，人们也才会对它有着某种亲切的感觉。出于这样的原因，我非常欢迎凡·德·威尔的到来。

但是由于我孤僻的性格，我今生注定无法交到更多的朋友，因为我对自己的孤僻性格无能为力。只有当我在不停地工作的时候，我才发现自己还活着。

世界上没有最好的画，也没有不犯错误的人

提奥曾感叹："我常常感到自己是大自然的一部分，但这种感受现在已经不复存在了。"对于他这句话我深有体会。他的这种结果是城市的街道、办公室和神经质所造成的。

与提奥一样，对于感受大自然我觉得困难，比这种困难还要困难的，是对于人的感受。他们都说我发疯了，但这显然不是事实，我相信这一点。问题的真实原因在于，我对于自己的毛病有着深刻的感受，并且我在努力改变这种境况。

我的努力付出的确让人看不到任何希望，但是，执著地希望重新获得

一个公平的立足点，这使我认为自己的拼命行动并没什么不好。我常常感叹："给我机会做某件事情，我一定可以做得超乎人们想象的好；让我用耐心来改善情况吧。"这是一些我在困难时期时常思考的问题，但事实上，我目前的状况与以前相比似乎毫无区别，至少我看不出有什么改观的迹象。

一个人不过是社会中的一分子，如果认识不到这一点，将是非常错误的。抹去儿时在头脑中形成的观念的烙印，比如认为应该保持某种等级观念，或者认为保持某种习俗很重要之类的，是否是一种损失呢？我根本不必为这些问题而烦恼。

人有交往和消遣的需要，如果人们让他感觉太孤单，这无疑将妨害到他的工作。让我感到高兴的是，近来，这里的人们已经比我初来时对我更加友好了，这对我来说，是非常重要的好事情。

提奥曾经提醒我，不要把太多的精力浪费在与别人的交往上。我并不赞同这一观点。我把热情都投注在了思想上和生活中。我的理解是，也许我会遇到许多挫折，也许我可能经常出现错误，但也就是如此而已。归根结底我的行为并没有什么可以指责的。世界上既没有最好的画，也找不出一个犯错误的人。

让人们按他们的意愿的兴趣来谈论和设想我吧。提奥或许无法想象，却应该相信一点：当一件事最终以错误收场时，并不能用这个结果来决定我是否应该做这件事。如果这件事经历了多次失败，这反倒构成了我重新努力的理由。即使已经没有可能做完全相同的事情，我也能够向着同一方向继续进行尝试和探索。我想，如果我的意图是经过深思熟虑的，那么它们就有存在的理由。

择　友

□　方　方

方方　女,原名汪芳,1955 年生于南京,江西彭泽人。当代作家。其作品《风景》获全国优秀中篇小说奖,中篇小说《桃花灿烂》、短篇小说《纸婚年》分获《中篇小说选刊》第五届百花奖。出版有中篇小说集《十八岁进行曲》、《行云流水》,长篇小说《落日》、《乌尼湖年谱》等。

　　每个人都有自己的朋友,因此每个人都有自己择友的方式。有些人一见面即可称兄道弟;有的人上了酒桌几杯酒下肚,酒友亦都为朋友;亦有人同身边人皆反目为仇,而朋友全都是远距离的;还有的人彼此相交几十年后方在某日顿然觉悟,某某才是我的朋友呀。对于朋友的定位,不同的人亦有不同的标准:有些人将朋友的名单定在名人或官人的范围内;有的人却只要拍自己马屁的便以朋友相待;还有的人持以与我有用即朋友的原则;当然亦有人将朋友标准定得很高,严格到只有才学、品行、家世及相貌均为一流方可引以为友。在这个世界上,择友的方式和标准虽不尽相同,但每个人都有着自己充分的理由和思路。

　　因为职业缘故,我认识的人也还蛮多的。但严格地说来我的朋友却非常有限。我不属于那种见过一次面即可称朋道友的人。有些人同我素无交往,偶见一次,便将我划入他的朋友圈子。虽然我表面上不说什么,但心里却是绝不认这个账。我知道对于我来说他只不过是我的一个熟人而已。熟人和朋友是不可相提并论的。

　　我的朋友大多是同我有过一段自然交往的时间。我们在交往中相互了解了对方的性格和品行，彼此欣赏和认同对方，不算太短的时间使得我们相处熟稔得大可以放松自己，于是而引以为友。在我来说，缺少这样一个时间过程，纵然认识了，可是知之不深，彼此内心依然陌生，相距依然很远，又如何算得了是朋友？至于地位多高、名声多大抑或家庭背景、学问高低等等外在条件都不是我选择朋友的重要参考系数。重要的是交往时间和在这时间中的融洽与默契的程度。缺少了这个条件，无论如何的好人，都只是熟人而已。同朋友说话可以不设防，为朋友可以两肋插刀，看朋友可以不辞辛苦，有事可以同朋友商量，有难处可以找朋友讨主意，苦闷不过也可以一股脑儿地倒与朋友；而对熟人，这些却都不一定。

　　相当多的人交朋友喜欢交那些距自己生活圈比较远的人。因为彼此完全不存在利益上的冲突，于是可以无话不谈。至于双方是否真正了解、性格是否真正投合倒很次要。这是一种很普遍也很浅薄的择友方式。这样的朋友我很怀疑是否真能经得起考验，因为在这样远距离的交往中几乎没有考验的机会。一旦有事，朋友反目大概也是在所难免的了。其实对于一个无法与身边的同事或同学相处的人，我也很难认同。因为这样的人，多半将自己的利益看得比什么都重，重到了但凡有可能与自家利益相冲突，无论谁对谁错，都引以为仇。利益成了衡量朋友的标准，而作为交友中最重要的人格、品德以及性格的投合与否倒成了无所谓的事。这样的人若引我为其友我也是断断不敢做的。

　　我倒是更喜欢同身边朝夕相处的同事做朋友。我从工厂到大学，又从大学到电视台或作家协会，总有几个十分"铁杆"的朋友。这样的朋友，你进他家门，肚子饿了可以找他要吃的，口渴了自己寻最好的茶叶泡茶喝，你忙得没空时，将孩子放在他家里任由他管，为什么问题你可以同他吵个天翻地覆，但中午又会在一起喝酒……反之也一样。因为相处时间长久，知之颇深，长短处优缺点皆了然于心，说起话来砍头去尾亦知其意，熟稔和亲密得可略去小节，如此交往真是舒服得很。

　　当然还有一种朋友是属于"神交"的。日常既无多少往来，见面亦无多少话讲，但却彼此心心相印，共同认可和欣赏。如此朋友，纯是享受精神快乐，少了些人间气息，另当别论。

青少年受益一生的

名人交友之道

友谊与择友

□[英]查斯特菲尔德

查斯特菲尔德(1694~1773)　英国著名政治家、外交家及文学家。曾就读于剑桥大学,1726 年继承爵位。他写的《查斯特菲尔德勋爵给独生子菲利浦的信》是世界上第一本充满人间亲情和智慧的人际关系与礼仪经典,成为有史以来最受推崇的家书,被誉为"一部使人脱胎换骨的道德和礼仪全书"。牛津大学出版社将其列入该社《世界经典》之一。

亲爱的孩子:

　　像你这样的年轻人,彼此之间非常坦率,对人毫无防备之心,所以容易受到老奸巨猾之人的蒙骗。随便哪个流氓或无赖只要自称是你们的朋友,你们就真的会轻信,而且还为这份友谊轻率地付出极大的信任,最后却蒙受损失,甚至遭受毁灭性的打击。因此,对即将踏入社会、对友谊充满渴望的你来说,要提高警惕啊!

　　接受他人友谊的时候,应该彬彬有礼,但也不可消除警惕;你可以赞美友谊,但不要过于信任他人。不要因为虚荣心和自恋作祟,相信第一印象不错的人或是经过短暂接触的人就能成为你的朋友。真正的友谊需要慢慢地培养,只有经过长时间的相互了解、彼此欣赏,友谊之花才能开放。

　　在年轻人中间,还有一种虚有其表的友谊——刚开始的时候感情非常真正的朋友，是一个灵魂孕育在两个躯体里。

——[古希腊] 亚里士多德

热烈，可没过多久就冷淡下去。年轻人因为一次偶然的相遇，便一起吃喝玩乐、纵情挥霍，使得这种友谊发展得很快。其实，这种醉酒和放纵与其说是真正的友谊，还不如说是对道德规范和良好举止的冒犯。可是他们居然厚颜无耻地把这种关系称作友谊。当他们关系很好的时候，常把钱借给朋友尽情挥霍，甚至为了朋友两肋插刀也在所不辞；他们时常口无遮拦，甚至还交换彼此的秘密。可是一旦决裂，他们就不再记挂对方，反而对过去似乎牢不可破的友谊大加嘲笑。

记住，一定要把同伴和朋友区分开来。志趣相投的同伴不一定适合做朋友，甚至还可能是你潜在的危险。在很大程度上，人们依据你身边的朋友来判断你，这不是毫无理由的。有一句西班牙谚语说得非常恰当："告诉我你跟什么样的人交往，我就能说出你是什么样的人。"

人们通常认为结交流氓或无赖的人肯定做过不少坏事，但是你又不能对他们过于冷淡，以免树敌太多。这种人委实不少，所以我宁可保持中立的态度。你可以厌恶他们的恶习或蠢行，但是不必敌视他们。若是激起公愤，后果将不堪设想，其危险程度仅次于前面提到的虚有其表的友谊。

防人之心不可无，否则对你十分危险；可是表面上又不着痕迹，因为人们很讨厌别人对自己有所防备。然而，只有少数几个人能真正把握这个尺度，做到游刃有余。很多人要么说些荒唐又难懂的玩笑，让人摸不着头脑；要么口无遮拦，无意中说了不该说的话。

接下来，我要跟你说说该选择什么样的朋友。你应该尽可能地结交各方面都优于自己的人，只有这样，才能使你有所提高；而与品行低下的人来往，只会使你跟他们一起堕落。所谓"近朱者赤，近墨者黑"就是这个道理。请不要误会，我提到的那些比你优秀的人并不是指他们高贵的出身（那是不需考虑的），而是指他们身上具备为世人称道的优秀品质。

我所说的"上流社交圈"有两类：一类是身居要职、衣食无忧的人；另一类是具备罕见的品质，在人文或自然科学领域有所建树的人。

所谓"品行低下的同伴"是指那些可鄙的人。他们总认为自己是社交圈里的骄傲，为了能跟你搭话，总是把你的缺点和蠢事当做优点极力恭维。人们总想成为社交圈中的交际之星，这是相当普遍的心理，也是极为愚蠢、有害的想法。

你或许会问我,一个人能否与上流人士结交?要怎样结交?我要说,是的,每个人都有这个能力。倘若他有机会接触到上流人士,就会尽量表现出优秀的品质和良好的教养以博取好感。渊博的学识就是一个人最好的名片,而良好的教养则会使他受人爱戴。正如我以前跟你说的,文雅的举止和良好的教养能为一个人其他优秀的品质增光添彩;否则,他的学识和才干就得不到最佳的表现机会。若是缺乏良好的教养,那么学者就成了书呆子,哲人只会愤世嫉俗,士兵不过是个莽夫而已。这种人绝不会受到人们的欢迎。

我就像古希腊的阿耳戈斯(古希腊神话中的怪物,长着100只眼睛,睡觉的时候只闭上一双眼睛,因此特别适合做看守),长了100只眼睛,随时随地都能监视你。我现在急切地盼望听莱比锡的朋友谈谈对你的第一印象,他们会如实地向我汇报你的情况。再见!

成为友情的富翁

□ [美]安德鲁·卡耐基

安德鲁·卡耐基(1835~1919) 生于苏格兰,后移居美国。著名企业家。28岁设立凯斯通桥梁工程公司,致力于钢铁生产行业。后来成为20世纪初的世界钢铁大王。主要著作有《钢铁大王——卡耐基自传》、《我怎样当学徒》、《财富的福音》等。

我认识这样一些年轻人,他们结交了很多的朋友,但是那些朋友对他与善人居，如入芝兰之室，久而不闻其香，即与之化矣。与不善人居，如入鲍鱼之肆，久而不闻其臭，亦与之化矣。

——《孔子家语》

们的事业却没有一点儿推动作用，甚至有些还起阻碍作用。因为他们选择了那些素质比自己差、知识水平比自己低的人做朋友，而没有选择和那些比自己高尚和优秀的人交往。

如果你习惯性地和那些比你低下、庸俗的人交朋友，那你将很可能会在不知不觉中被他们拉下水，你的理想和抱负也会慢慢地变得日益萎缩。

我们很少认识到自己的朋友或者是周围的人，对我们性格和特点形成的影响。而在现实生活中，其实我们所接触的每一个人都对我们产生了巨大的影响，并且，这些影响都带有很鲜明的特点。如果我们能养成一种不停地想改变自己、朋友和周围事物的思维习惯，那我们也就在一刻不停地提高自己、完善自己。

在我们追求成功的过程中，最重要的一点，就是要使自己保持高标准的生活和工作要求。而崇高的理想、远大的抱负，将能够使我们做到这一点。但是，对于朋友来讲，我们就千万不能对他们抱以太大的希望，或者是对他们苛求完美。"水至清则无鱼，人至察则无徒。"

有一位作家曾经这样说过："更大程度地以现实的眼光来看待自己的朋友，而不是强求他们能达到自己的某些理想的标准。这时，你将会发现他们尽管有些个人的标准和你不太相同，但是事实上的差距并没有你想象的那么大。"

如果你细心地观察一下那些事实上没有任何朋友的人，你将会在他们身上发现某些不太正常的个人性格特点。的确，如果他值得大家去交往的话，也不至于总是一个人孤零零地生活。

"拥有大量的朋友"，这不仅仅是一种感情的流露，并且还能给你带来很多实际的利益。对那些"拥有大量朋友"的人来说，机会的大门是长期敞开的，而这一点是那些在金钱和物质上富有的人所无法达到的。对于那些仅仅局限于自己的天地里，整日愁眉不展，茕茕孑立，形影相吊的人，就更不可能拥有这种幸运的机会了。

的确，假如一个人没有朋友，那将是一件多么不幸的事情啊！不管你拥有多少财富，都不能替代友谊在你心目中的分量。有多少亿万富翁都希望拿出他们的大部分财产，去换取自己在疯狂追逐名利和财富的过程中遗失的友谊。

就在前不久,纽约的一位资产超过亿万的大富翁去世,参加他葬礼的人,除了他的直系亲属以外,只有6个人。但是,就在他去世的几周之后,同一条街道的另外一个人去世时,参加葬礼的人却把大教堂挤得水泄不通,街道两旁全站满了自动来向死者哀悼的人们,尽管他的全部遗产只剩下不到1000美元。

后一个人为什么能受到如此的殊荣,是因为他以前爱自己的朋友就像那位守财奴爱惜金钱一样。任何一个认识他的人,都是他的朋友。他最引以为豪的,就是在友谊方面,他是一个天下难得的大富翁,而不是他拥有多少金钱和财富。即使他身上只剩下最后一美元,他也要和朋友们分享。他对朋友的帮助和服务丝毫不吝惜,他把自己毫无保留地、彻底地、真诚地奉献给了朋友。在他的一生中,你找不到任何为自己的私心、贪婪算计的迹象。当这样的一个人去世时,成千上万的群众都认为这是他们的巨大损失,所以这样做是最自然不过的事情了。

塞涅卡曾经这样说过:"友谊必须是坦诚的、毫无保留的。在你向朋友伸出友谊之手之前,你可以细心地、深思熟虑地考虑清楚。但是,当你们之间的友谊一旦形成,便不能再犹像徘徊,或者是心中忧虑重重。友谊是需要经受考验的,如果你一旦下定了决心,你就要进入到对方的心灵深处。友谊的最终目的,就是要找一个能够和我们心连心的知己。相互之间,在自己的心里能有这样一种无须向对方表白的承诺:为了拯救对方的生命,我愿意牺牲自己。有一条原则需要大家牢记:只有充满理智的人,才能够成为你的朋友,而别的人,最多也只能是你的伙伴。"

只有那些愿意为他人慷慨地提供无私帮助的人,甚至是愿意为此而献出自己宝贵生命的人,才能够真正认识到,只有通过细心地播种,才能有甜美的收获。那些只想拼命地获取回报,而不愿意自己作出任何付出的人,是不可能得到真正的收获的。他就像一个只想有好的收成,而又不想播下太多的种子的农民一样,把谷子藏起来,梦想着有一天自己的谷仓里能积满成堆成山的谷子,而使自己变得富有起来。他不愿意把谷子种到地里,是因为他看不到明天收获的希望。人生和友谊也是同样的道理,我们自己在这个世界上到底能有多大的发展,和别人所给予我们的帮助和支持是有很大关系的。

也许在我们这个国家里，最富有的人就是亚伯拉罕·林肯，因为他把全美国人民都当成了他最好的朋友，同时，他也把自己的一切，包括生命，都献给了人民。他没有想尽一切办法去把自己的才华卖给财富和金钱。在他的心目中，金钱和财富没有任何的诱惑力。林肯永远都活着，活在他广大的朋友——全国人民，不，全世界爱好和平与追求平等的人的心目中。因为他总想着他的朋友，所以他的朋友们也会永远地想着他。就像一个农民把种子播种下去一样，林肯把自己深深植根于这个国家之中。而他这一颗珍贵的种子，给我们这个国家带来了多么伟大的丰收啊！他伟大的、不朽的光辉业绩和功勋，被牢牢地刻在了历史上，并千秋万代地泽被后世。

朋　友

□ 周国平

周国平　1945 年生于上海。中国社会科学院哲学研究所研究员。著有学术专著《尼采：在世纪的转折点上》《尼采与形而上学》，随感集《人与永恒》，诗集《忧伤的情欲》，散文集《守望的距离》，纪实作品《妞妞：一个父亲的札记》，自传《岁月与性情》等。其大量作品以哲理性思辨为主，是当代颇具影响力的学者、作家。

一个周末的早晨，我突然想到这个题目。又是周末了，谁会给我打电话呢？我已经发现，平时的电话总是十分繁忙，周末的电话却比较稀少。平

时来电话的多为编辑、记者之类，为了约稿或采访，属于公事，周末来电话的大抵是朋友，想聊聊天或聚一聚，属于私交。那么，我的朋友越来越少了吗？

朋友实在是一个非常笼统的词。一般人所说的朋友，多指熟悉到了一定程度的熟人，遇到需要帮忙的事情，彼此间是求得上的。对于这类朋友，前贤常予苛评。克雷洛夫说："当你遇到困难时，把朋友们找来，你会得到各种好的忠告。可是，只要你一开口提到实际的援助，你最好的朋友也装聋作哑了。"马克·吐温说："神圣的友谊如此甜蜜、忠贞、稳固而长久，以致能伴随人的整个一生——如果不要求借钱的话。"亚里士多德说得更干脆："啊，我的朋友，世上并不存在朋友。"我不愿意把人心想象得这么坏，事实上也没有这么坏。我相信只要我的请求是对方力所能及的，我的大多数熟人一定会酌情相助。只是我这个人比较知趣，非到万不得已之时绝不愿求人，而真正万不得已的情形是很少的。为了图清静，我也不喜欢把精力耗费在礼尚往来的应酬上。所以，我和一般人的交往常常难以达到所需要的熟悉程度，够不上在这个意义上称作朋友。

与泛泛之交式的友谊相反，另一些人给朋友定的标准极高，如同蒙田所描述的，必须是两个人的心灵完全相融，融合得天衣无缝，犹如两个躯体共有一颗灵魂，因而彼此对于对方都是独一无二的，其间的友谊是不容第三者分享的。据蒙田自己说，他和拉博埃西的友谊便是如此。我不怀疑天地间有这样可歌可泣的友谊，不过，就像可歌可泣的爱情一样：第一，它有赖于罕见的机遇；第二，它多半发生在青年时期。蒙田与拉博埃西就是在青年时期相识的，而且仅仅过了 5 年，后者便去世了。一般来说，这种恋情式的友谊往往带有年轻人的理想主义色彩，难以持续终生。当然，并非绝无可能，那便是鲁迅所谓"人生得一知己足矣"的境界了。不过，依我之见，既然忠贞不贰的爱情也只能侥幸得之，忠贞不贰的友谊之难觅就不算什么了不得的缺憾了。总之，至少现在我并不拥有这种独一无二的密友。

现在该说到我对朋友地理解了。我心目中的朋友，既非泛泛之交的熟人，也不必是心心相印的恋人，程度当在两者之间。在这世界上有若干个人，不见面时会互相惦记，见了面能感觉到一种默契，在一起度过一段愉快的时光，他们便是我心目中的朋友了。有时候，这样的朋友会像滚雪球一样聚合,形成一个所谓圈子。圈子容易给人以错觉,误以为圈中人都是朋友。我也有过一个格调似乎很高的圈子,当时颇陶醉于一次次高朋满座的欢谈,并且以为这样的日子会永远延续下去。未曾料到,由于生活中的变故,这个圈子对于我已不复存在了。鲍斯威尔笔下的约翰生说:“一个人随着年龄增长,如不结交新朋友,他就会很快发现只剩下了孤身一人。人应当不断修补自己的友谊。”我以前读到这话很不以为然,现在才悟出了其中的辛酸。不过,交朋友贵在自然,用不着刻意追求。

　　在寂寞的周末,我心怀感激地想起不多的几位依然互相惦记着的老朋友和新朋友,于是平静地享受了我的寂寞。

称心的朋友千金难买

□ [法]蒙　田

　　蒙田(1533~1592)　文艺复兴时期法国思想家、散文作家。反对灵魂不朽之说,并认为人们的幸福生活就在今世。他的散文对培根、莎士比亚以及 17、18 世纪法国的一些先进思想家、文学家及戏剧家影响很大。代表作是三卷本的《随笔集》。

　　我知道,友谊的臂膀长得足以从世界的这一头伸到另一头。

　　要是我通过可靠的指引知道去哪儿寻找适合我交谈的人,我定将不辞遥途寻觅他来。因为在我看来,合意的朋友千金难买。哦,有个真正的朋友

是桩多么美妙的事啊！那句古老的格言说得多么真实：一个朋友的益处比水与火更令人愉快和不可缺少！

我颇能结交和维持罕见而高雅的友谊，因为我是如此贪婪地抓住合我爱好的相识者。

我所渴望与之交友和亲近的人，是那些被认为真挚而有才干的人们，这些人的形象使其余人都相形见绌。

在我们的交谈中，对我来说，所有话题都一样，即便它们既不重要，亦无深度，全一样，仍然是优雅的和恰当的。整个交谈渲染着一种成熟恒久的判断力，交融着善良、自由、欢乐以及友谊。不仅仅在讨论军国大事时，我们的才智展示其力度和美，而且私下交谈中的每一件小事，也是如此。甚至从他们的沉默和微笑中，我都能理解我的朋友，而在餐桌边也许要比在会谈中能更好地了解他们。

在普通的友谊中，我有点儿冷淡和羞怯，因为我的举动是不自然的，假如并非全力以赴的话。除此之外，我年轻时代有幸得到的唯一完美的友谊，实在让我对其他一切都产生一种厌恶乏味之感，那种印象过于强烈，以致如古人所云，这是以兽为伴，如果不是整个兽群的话。而且，在与众多不理想的朋友的交谈中，需要修饰，需要奴颜婢膝的谨慎，要让我在缺乏热忱的状况下唤起那样的情绪，我也天生感到为难。

我挺喜欢阿西塔斯所说的："哪怕置身天国，如果没有一个伴侣相陪而独自漫游于那些伟大而神圣的天宫间，也是不令人愉快的。"然而，比之处在一群愚蠢而讨厌的伴侣中，倒还不如独自一人更好些。

真的，我宁愿选择惹怒我的人而非害怕我的人做伴。与那些欣羡我们并附和我们所说一切的人相处是一种单调而有害的享乐。安蒂斯兹尼斯绝不要他的孩子们去亲近或感激一个称赞他们的人。

一个人需要有健全的耳朵去倾听他人对自己的坦率批评。由于没有几个人能够忍受倾听批评而不恼怒，所以那些冒险批评我们的人就显示出友谊的一种奇特的作用。因为这确实是真挚的爱，为了我们自己的利益而胆敢伤害和冒犯我们。

在真正的友谊中，我是完美无缺的，我把自己奉献给我的朋友，而不是力图把他吸引过来。我不但乐意为他效劳甚于他给我好处，而且宁可他比我出色，如果他这样做到了，也就是给了我无量恩德。如果不在一起对他来说更愉快或方便的话，那么他不在场对我也是合意的。这也不是彻底地分手，因为我们还能互相通信。我有时就很好地利用了我们相互的分离。

有人以为夫妻间的情分，会因为分别而受损害，我则很不以为然。恰恰相反，夫妻情分是一种容易因过于频繁和殷勤的陪伴而冷淡的天使。每个生疏的女人都显得楚楚动人。我们由经验发现，老是厮守一起还不如分开一阵再相会来得更令人愉快。这种中断使我对家庭充满新鲜情感，使我的屋子更赏心悦目。

我天性适宜于交流，倾向于袒露自己，毫无掩饰，让人一目了然，生来是为交往和友谊的。

抵 制 恶 友

□ [英]查斯特菲尔德

亲爱的孩子：

在你结束威尼斯的狂欢来到都灵之后，我希望你能把注意力集中在严谨的学习和必要的社交上。这不仅有助于你学到有用的知识，而且还能让你获取书本上没法学到的新知识。与此同时，我现在对你还怀有一种前所未有的焦虑。要知道，每当你处于困境，我都免不了为你担心，而你目前在都灵的状况就不免让我感到忧虑。不过哈特先生会尽他所能帮助你，而你自己敏锐的判断力和解决事情的能力也会帮你渡过难关，想到这些我又略感欣慰。

我听说有不少英国人在都灵的职业学校求学，为此，我担心你会不会受到他们的影响。我不清楚他们到底是些什么样的人，不过听说这些年轻的英国同胞经常厮混在一起，打架斗殴，行为恶劣。他们可能会诱使你加入他们一伙，要是你断然拒绝，他们就不断对你施压，甚至还会耍些阴谋诡计。像你这样的年轻人遇到这种情况难免不知所措。因此，你千万要洁身自好，坚决抵制这些不良的影响，全身心地投入到学习当中。你出国的目的并不是去跟英国同胞聊天，这种事你在国内就可以做。我敢肯定，从他们身上你学不到任何有用的东西——知识、外语或是优雅的举止。所以我不希望你跟这些人来往，更别提与他们交朋友。在我看来，他们是一个犯罪团体，专干卑劣的勾当，与社会道德作对。

年轻人对于别人的请求往往羞于拒绝，认为拒绝别人是件很掉价的事。他们渴望在社交圈中受人喜爱和追捧。若是在上流社交圈得到他人的推崇当然对你十分有利；反之，若是受到三教九流的追捧，反而会受人牵制，给自己制造麻烦。我希望你没有缺点，十全十美；要是你不幸有缺点，那么希望你时时提醒自己，不要摹仿他人的缺点，使自己染上更多恶习。在所有的坏事中，感染恶习是最可耻、最不能原谅的。

你那些英国同胞身上的恶习低俗不堪。他们因生活放荡而声名狼藉，不仅糟蹋自己的身体，而且还败坏品性。他们在餐桌上毫无节制地喝酒，喝醉后丑态百出，粗暴地砸窗户，还常把自己弄得骨折（也是他们活该）。赌博对他们而言，已经不是娱乐，而是一种根深蒂固的恶习——赌起来就没完没了。他们在国外劣迹斑斑，回国后，也不知道收敛一下，依然缺乏教养、我行我素。他们经常在公园里、大街上晃荡，却从未在任何上流社交圈出现过，因为他们既没有优雅的举止，也没有优点可供人欣赏。

我不会喋喋不休地向你说教，因为我也知道你对这种说教毫无兴趣。那么，我就以朋友的身份，借一个有着丰富人生阅历的老者之口，请你依据自己的理性多加判断，接受我对你的忠告。以上提到的所有恶习本身并不是有罪的，可是却会让那些感染恶习的人不断堕落，名誉扫地，从而无法在社会上抬头做人。

我现在要说的是，希望你凭着敏锐的判断力，抵制那些不幸的年轻人对你的教唆和引诱。另一方面，当他们试图拉你下水的时候，你要坚定而得体地拒绝他们,避免与他们发生争执。你现在还太年轻,没法改变他们;可我相信,只要你应对巧妙,就能令他们信服。

我并不是说所有的英国同胞都如此,当然也有例外,他们有着良好的举止和优秀的品质。你的朋友斯蒂文森先生就属于这种人,我也十分赞成你跟他继续交往。今后,你会遇到一些天赋极高或者有身份有地位的人,跟他们建立友谊,对你今后的发展非常有利。不过,你最好先让哈特先生见见他们,看是否值得你深入交往下去。

再见,亲爱的孩子! 希望你在今后的两年时间中培养良好的品性,为将来做好准备。

第六辑　近朱者赤